A Manual of

Manuscript Transcription

for the

Dictionary of the Old Spanish Language

by

David Mackenzie

Fourth Edition

by

Victoria A. Burrus

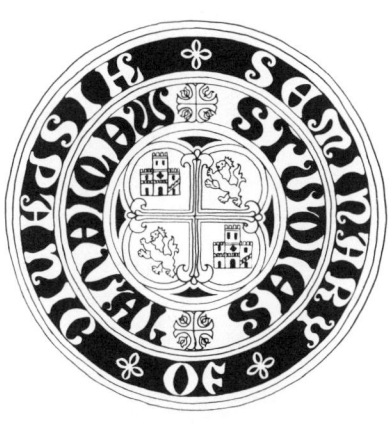

Madison, 1986

ISBN 0-942260-73-2

Table of Contents

B. List of Plates

Each plate is followed by a full transcription. The line numbers in the left margin have been supplied to aid the reader in locating references to the transcription.

Preface to the Third Edition

It should perhaps be made clear that the primary purpose of this Manual has always been that alluded to in the title: to set out the standard norms of transcription used by the Dictionary of the Old Spanish Language for the benefit of those many scholars who kindly provide texts as grist to the Dictionary mill. This volume is not, then, intended as a Manual of Spanish Palaeography in the broader sense. The plates are chosen with an eye to illustrating certain features of manuscript texts which require special coding for machine-readable Dictionary input; they are not designed to provide a representative sample of different hands from various periods. It is therefore, on the one hand, gratifying that this book has in earlier editions reached beyond the audience at which it was directed; and, on the other, saddening to note that there is currently no up-to-date introduction to Spanish palaeography to fill an obvious need.

DM

Preface to the Fourth Edition

Because of its commitment to improving its computer-based methodology, particularly as advances in technology make such changes more cost-effective, the Dictionary of the Old Spanish Language Project has introduced some minor changes in its transcription procedures since the publication of the Third Edition of this manual. The conversion to a microcomputer-based operation has allowed some welcome simplification in the coding which was necessary when concordances were produced on a mainframe computer. The Fourth Edition introduces these modifications, along with some innovations (e.g., new language mnemonics) and clarifications of some of the policies laid out in previous editions. While the structure of the Third Edition remains essentially unaltered, a conscious effort has been made to include more examples to further illuminate the procedures, and to this end additional plates from manuscripts and incunabula (with accompanying transcriptions) have been incorporated into this Fourth Edition.

VB

Introduction

The Dictionary of the Old Spanish Language culls its lexical items from manuscripts transcribed by many contributing scholars; to ensure uniformity it was decided to adopt conservative editorial criteria. The manuscript is transcribed line-by-line, respecting the manuscript line divisions so that a concordance may be generated on the basis of folio and line number; this permits a rapid check of the original. An attempt is made to represent the format of the manuscript page. However, the transcription, though close, is not palaeographic, and certain norms—imposed by the limitations of the ASCII character set reproduced at the end of this volume—have been established which will be set out in this manual. The Dictionary relies heavily on the computer to eliminate much drudgery in the sorting of words, and special codes—mnemonics—have been developed to make sure that the sorting is accurate, and that a word may be immediately traced to its exact location in the manuscript: the use of these mnemonics will also be explained. Mnemonics are also used to signal the presence of certain special features, such as Rubrics, Miniatures, Diagrams and the like.

The manual is divided into two parts:

A. Norms of Transcription

B. Examples

A. Norms of Transcription

These are laid out so as to present items as they might occur on a typical folio side.

1. Foliation

1.1 The first element in the transcription of a folio side is the indication of the folio number itself. The notation used is *fol.*, followed by a space and an Arabic numeral which is the folio number, followed immediately by either the letter *r* or *v*, all of which is enclosed in brackets, thus: [fol. 1r]. This appears alone on the first line of the transcription of each folio side. For an example see section B, plate 1, line 1. The line reference is to the plate, or the accompanying transcription; line numbering in increments of five appears in the left margin. (Henceforth, examples will be cited by plate number and line number, thus: 1/1.)

1.2 Folio Sequence: the editor should impose his own folio numeration, using Arabic numerals and starting with the first folio of the *codex*, which he will call 1r. Any manuscript foliation which is at variance with his numeration should be ignored. If a codex contains more than one manuscript, the numeration should run straight through the *codex*, and each manuscript should be numbered as part of the codex, not as a separate entity.

1.21 Therefore, manuscripts and incunabula having incorrect or non-sequential foliation should be *renumbered* in folio sequence from the start of the codex.

1.22 Guard sheets are *not* normally included in the foliation sequence since they are not usually considered to be part of the codex. However, if a guard sheet contains a reconstruction of text which had originally been on the first folio or folios which were subsequently lost, that guard sheet should be included in the foliation sequence; it is folio 1r/v and initiates the sequence.

1.23 A blank folio side found in a quire which also contains folio sides bearing text *must* be included in folio enumeration; however, *only* the folio indication is transcribed for such a blank folio side. Thus, in the following example, folio 2r is blank:

[fol. 1v]
text of 1v
[fol. 2r]
[fol. 2v]
text of 2v

1.24 Folio or page numbers which are not used in transcription (incorrect or old foliation, foliation in Roman numerals, etc.) may, if desired, be retained in the heading (see section 2.5).

1.3 If it is determined that the loss of one or more folios has caused a break in logical sense, or *non-sequitur*, in the text, that break in logical sense should be indicated by inserting [...] at the bottom of the folio side before the break. This marker should be placed on a *separate* line, after a catchword (see section 4), if a catchword appears on the folio side which precedes the lost folio(s):

{CW. ca. & priega}

[...] (2/82-83)

Since the foliation indication refers only to extant folios, the total loss of a folio does *not* affect the numbering sequence. (See section 3.224d(1) for additional uses of the non-sequitur marker.)

2. Heading

2.1 A running title, or head, is often found at the top of a folio side, and may be, for example, the title of the chapter or of the book; this is referred to as the *heading*, and it is transcribed within a brace-bounded mnemonic, thus:

{HD. LEVITICUS}

(*Note* that *all* mnemonics are enclosed in braces. See section 3.213.) The heading is transcribed on a *separate* line of text immediately below the folio indication. The heading mnemonic {HD.} is followed immediately by a period except where an editorial remark or comment is deemed necessary (see section 5, *Remark Field and* {RMK.} *Mnemonic*, for specifics relating to editorial remarks). The heading normally occupies the top portion of *two* facing folio sides, starting on a verso and finishing on the following recto (e.g., 3 & 4/2). The segment of the heading contained on the first folio side is, therefore, incomplete; the indication that the heading will be continued on the following folio side is conveyed through the use of the plus sign (+) placed at the end of the first brace-bounded heading text. The plus sign must be placed before the closing brace of a brace-bounded mnemonic when there is a physical discontinuity in the logical flow of its text; see section 3.213, Special Characters.

2.11 If a heading is complete on only one folio side, no plus sign appears within the brace-bounded heading mnemonic (e.g., 5/2).

2.2 Plates 3 and 4 also contain an example of a word divided across folio sides in the heading. The divided word is completed, after a hyphen (AR-GENT, 3/2), in the first heading mnemonic; the plus sign indicates the continuation of the heading in the next like mnemonic. See section 3221c(5) for an explanation of the use of the hyphen with square brackets in the heading.

2.21 If the concluding segment of the divided word in a heading is the *only* heading text present on a folio side, a heading mnemonic containing *no text* (line 5 of the following example) *must* be inserted to mark the physical location *in the manuscript* of that concluding word segment.

[fol. 1v]
{HD. ALE-XANDRE +}
text of 1v
[fol. 2r]
{HD.}
text of 2r

2.3 A heading which consists of two or more lines which cross folio sides (e.g., 6 & 7/2-3) also requires special treatment. Note that in this case only *one* {HD.} mnemonic appears on each folio side. The two incomplete lines of folio side 108v end with the plus sign to indicate that they are continued in the next like mnemonic. The two lines of the heading as it appears in the manuscript are preserved in the transcription of 109r.

[fol. 108v]
{HD. GENE-SIS +
L<IBRO> +}
text of 108v
[fol. 109r]
{HD.
IX}
text of 109r

2.4 Occasionally separate headings appear above each of the columns on a folio side. In such instances an Arabic numeral is inserted after {HD.} to indicate the specific column of a multi-column folio side to which a heading refers (e.g., 4/2-3). Note that these heading mnemonics must appear on *separate* lines immediately *following the folio indication* for that folio side.

[fol. 105r]
{HD1. DEL SOL}
{HD2. DE UENUS}
text of 105r (42/1-3)

A heading begun in a {HD.} mnemonic (e.g., 3/2) can be continued, after the plus sign, in a {HD1.} mnemonic (e.g., 4/2, and see also section 3.23).

2.5 As was previously noted, the heading may include foliation *not* adopted by the editor, such as old or non-sequential foliation, foliation in Roman numerals, etc. The retention of such numeration is *optional* (note its absence in the transcription of plate 37).

2.51 If a folio side contains *both* a heading and such old folio notation, the folio reference is placed after space/back-slash/space (\ ) *following* the text of the heading (e.g., 8/2). If the editor wishes to indicate the presence of several such old folio numbers, space/back-slash/space should be used to separate each number:

{HD. LIBRO + \ 125 \ cxxiij}

2.52 If a folio side of the manuscript does *not* have a heading, the heading mnemonic may still be employed to note the presence of old foliation. The heading mnemonic is opened and the folio number is inserted *after* space/back-slash/space (e.g., 35/2). If more than one such folio notation is present, space/back-slash/space separates each:

{HD. \ 125 \ cxxiij}

3. Column Boundaries

3.1 The mnemonic {CB.} is used to represent the division of the text into columns on the manuscript, and *must* be used, even if there is only one column of text per side. Each column is enclosed within the braces of this mnemonic. The number after the mnemonic indicates the type of *column format* present, *not* the order of columns on a folio side. Columns are *always* transcribed in a logical sense sequence, as in the following example:

manuscript	*transcription*
xxxx yyyy	{CB2.
xxxx yyyy	xxxx
zzzzzzzzzzzz	xxxx}
zzzzzzzzzzzz	{CB2.
	yyyy
	yyyy}
	{CB1.
	zzzzzzzzzzzz
	zzzzzzzzzzzz}

Note in the above example that the {CB.} mnemonic is placed on a *separate* line preceding those which contain the text, and that a closing brace *immediately* follows the last character contained within a column. *All brace-bounded mnemonics begun within a {CB.} mnemonic must close within the same {CB.} mnemonic.*

3.11 Textual material not physically contained within the column boundaries of a manuscript but logically related to it must be transcribed in its logical place in the text within a {CB.} mnemonic.

(1) Chapter numbers which appear in the left (or, occasionally, the right) margin are transcribed within the {CB.} mnemonic which contains the corresponding text:

II {IN4.} Qvando Jacob... (7/5)
III {IN4.} JOsep... (7/98)

This applies to folio references in tables of contents as well:

cxxxi {IN1.} Dela batalla fecha entre el Emp<er>ador Theodosi-
o et Eugenyo el tiranno. cxxx[ij]. {RUB. El .viii. libro es delas (14/18-19)

(2) See section 3.224a(2) for a discussion of marginal insertions.

(3) See section 3.239 for glosses.

(4) See section 3.240 for addenda.

3.12 In order to ensure the accurate joining of parts of a word divided over column or folio side boundaries in the manuscript, a column must *never* close with an incomplete word. Whenever necessary, therefore, the final letters of a word left incomplete by the scribe at the end of a column *must* be brought back from the following column or folio side and joined to the first segment *after a hyphen*; the column is then completed with the closing brace (e.g., 2/30). Punctuation is also brought back, *provided* that there is no space intervening between it and the end of the word. The word segment transposed to complete the final word of a column is, of course, not then transcribed at the start of the next column.

3.13 A column is defined as that text enclosed within the braces of a {CB.} mnemonic, and therefore it is normally impossible to enclose one {CB.} mnemonic within another {CB.} mnemonic. However, it may occur that matter clearly subordinate to a column (names of people, or places, for example) is listed in columns within it, and the only way to make this format clear is to embed a set of {CB.}'s in the principal {CB.}. This ensures that the material is presented in the correct order (e.g., 9/15-20).

3.14 A single physical feature such as a diagram, or a miniature, normally appears in the manuscript clearly within the limits of a given column and is transcribed within one brace-bounded {CB.} mnemonic (e.g., 3/3-4). On rare occasions, however, a physical feature is found which does not coincide with the boundaries of a single column because of its irregular shape. Consider the following examples, in which *d* represents a diagram, and *m* a miniature:

```
xxxx     xxxx           yyyymmmmmmmmmmmmm
xxxx     xxxx           yyyymmmmmmmmmmmmm
dddddddddd              yyyyyy      mmmmmm
dddddddddd              yyyyyy      mmmmmm
yyyyyyydddd             yyyyyy      zzzzzz
yyyyyyyyyyy             yyyyyy      zzzzzz
```

In these cases, the feature should be enclosed within the {CB.} mnemonic which most closely corresponds to its shape; thus the diagram is transcribed as part of the {CB1.} since it spans the whole folio, whereas the miniature is considered part of the {CB2.} format.

```
{CB2.                   {CB2.
xxxx                    yyyy
xxxx}                   yyyy
{CB2.                   yyyyyy
xxxx                    yyyyyy
xxxx}                   yyyyyy
{CB1.                   yyyyyy}
{DIAG.}                 {CB2.
yyyyyyy                 {MIN.}
yyyyyyyyyyy}            zzzzzz
                        zzzzzz}
```

3.15 If a *column* contains *no text* for any reason, a complete, empty {CB.} mnemonic should be used to indicate its position relative to the other columns on that folio side (e.g., 10/12). A totally blank *folio side* is represented only by the folio indication: clearly no columns are present. (See section 1.23.)

3.2 Character Set (3.21)
Basic Editorial Operations (3.22)
Further Mnemonics (3.23)

3.21 Character Set

3.211 Alphabet

The orthography of the manuscript is respected, using the corresponding character from the machine-readable character set where possible. Although the transcription is intended to be as close a rendering of the manuscript text as possible, the limitations of this character set have imposed the following norms:

(1) Capital *R*, whatever its size relative to other letters and regardless of its position in the word, will be transcribed as upper case *R* (e.g., 24/50; 32/30). Note that if the manuscript uses *rr-* in the initial position, that graph should be respected (e.g., 16/5, 8 & 22; 31/3).

(2) The two common graphs representing capital *M*,  and , are both transcribed as upper case *M*, regardless of the position in the word of the graph (e.g., 32/17, 22 & *passim*).

(3) A distinction is made between the scribal graphs for minuscule *i* and *j*, based on the length of the descender. If the graph does not descend below the scribed line it is transcribed *i*; if the stroke continues below the line, with or without a curve, the letter is transcribed *j* (e.g., be<n>iamj<n> 7/60; 41/*passim*)

(4) In the transcription of *b*, *u*, and *v*, care should be taken to distinguish between the scribal graphs for these letters. They should be recorded exactly as they appear in the manuscript; no attempt should be made at standardization based on modern usage (e.g., 2/16 & 36; 20/10; 31/11).

(5) Ampersand is transcribed *&*. The capital ampersand is distinguished from it by the addition of an apostrophe: *&'*. (See plate 6 for examples of each.)

(6) *C* cedilla, sigmas and palatal *n* are all dealt with in section 3.215.

3.212 Numerals

The character set includes the Arabic numerals 0 through 9. Arabic numerals appear chiefly in the folio designations and rarely in the texts of the manuscripts. *Care should be taken* by the editor not to use the *letters* l or O when the *numerals* 1 or 0 are required, since for computer processing purposes these are quite different characters.

Of course, the appropriate upper or lower case letters are used to represent Roman numerals. The scribe will usually separate Roman numerals from the surrounding text by placing periods immediately before and after them:

de Mars; la .xija`. casa

Care should be taken not to insert a space between the first period and the numeral.

3.213 Special Characters

The following table contains a list of symbols used in the transcription to represent certain features:

{ }	braces	enclose all mnemonics
[ ]	brackets	enclose folio reference and all insertions
< >	angular brackets	enclose expansion of scribal abbreviation
( )	parentheses	enclose all deletions
\	back-slash	precedes old folio notation included in the heading mnemonic (see section 2.5)
^	caret	may only appear between brackets, where it indicates scribal insertion, or parentheses, where it indicates scribal deletion
=	vector (equals sign)	indicates the relationship of a diagram or a miniature to accompanying text

|	single vertical bar	denotes internal physical divisions separating segments of text (in a diagram, etc.)
*	asterisk	marks reconstruction of illegible text
`	grave accent	signals characters appearing in text in a raised or superscript position. (See section 3.222b.) It should be noted that this does not refer to later interlinear insertions which are dealt with in section 3.224a.
``	multiple grave accent	Where there is more than one superscript character, the characters are transcribed first, followed by the corresponding number of grave accents: p<ar>te``
+	plus sign	is used when the logical reading flow of text contained within a mnemonic is interrupted by intervening text which if read in strict physical sequence would disrupt the sense of the reading. The plus sign therefore indicates that the logical continuation of a textual passage delimited by a given mnemonic is to be found in the text delimited by the next like mnemonic. The plus must always be preceded by a space (+). See below for more details.

This use of the plus sign perhaps requires further explanation. Running heads spanning the verso and recto of two consecutive folios and discontinuous rubrics differentiated in the manuscript from surrounding text by their red ink require special coding in any transcription scheme which hopes to represent physical as well as textual features of medieval books. As already indicated, the purpose of the plus sign is to signal that the logical reading flow of text contained within a mnemonic is disrupted by intervening text. It signals to the reader that the logical continuation of the text is to be found within the very next like mnemonic in the transcription. Note that for the purpose of transcription, material which falls outside the {CB.} mnemonic (i.e., [fol.], {HD.}, and {CW.}) are *not* considered to be intervening text. Therefore the plus sign should not be used merely to indicate the continuation of text from a mnemonic which has been closed and immediately reopened across column or folio side boundaries. See section 2, Heading, and section 3.231b & c for further explanation and examples of the use of the plus sign in transcription.

3.214 Punctuation

a) The following marks of punctuation are used:

period	.
colon	:
semi-colon	; ./ /.
question mark	?
virgule	/
hyphen	-
calderon	%0
calderon two	%02
calderon three	%03

b) Periods, colons and semi-colons may function similarly in medieval manuscripts. (See section 3.212 for special use of the period with Roman numerals and section 3.222e for the elimination in transcription of periods which are used as marks of abbreviation.) Periods mark textual divisions which do *not* necessarily coincide with modern sentence divisions, and at times seem to indicate divisions between breath groups. Scribes use two forms of the semi-colon: the chronologically earlier form, , is to be represented by the modern semi-colon; the later form appears as a slash either preceded or followed by a period and is transcribed as /. or ./ (e.g., 20/54; 40/*passim*).

The editor should take care to distinguish between true punctuation marks and marks introduced merely to fill out the remaining space at the end of a line in order to create an even right margin. Marks used for line filler, although they may resemble punctuation marks or even letters, should *not* be transcribed. Examples of lines terminating in line filler of this sort may be found on plates 12, 25 and 33.

c) Since scribal practice in the matter of word hyphenation is whimsical, line-end hyphens in the transcription will always be an *editorially* supplied mark, intended to link two parts of a word together, and not intended to reflect actual scribal practice. Because they are editorial in nature, hyphens can never be inserted by means of brackets or deleted by means of parentheses. On plate 38, for example, although no mark resembling a hyphen exists in the original text at these points, hyphens have been transcribed at the ends of some lines (e.g., 5, 7, 11, 16, 21) to join parts of a word together. No attempt should be made to reproduce the hyphen—or marks which appear to be hyphens—provided by the scribe on the manuscript. These may aid the editor in deciding if a hyphen is needed, but they should be ignored when irrelevant (e.g., 38/17). The editor should respect the *scribal* practice of word separation as it occurs in the body of the text. For example, on plate 1 both *en el* (line 8) and *enel* (line 15) occur: since *en* and *el* need not, therefore, be written as one word, a hyphen should not be used to join them at the end of line 12. (See section 3.221c & d for further examples of use of the hyphen.)

d) The virgule's function is usually the same as that of the modern comma, and it appears in the manuscript as either a vertical bar or an angular slash. The editor may use his own discretion in the use of a blank space before or after the virgule (see 31/*passim*; 20/54; 16/50 & 77).

e) In medieval texts the question mark may be used either as a mark of interrogation or as an exclamation mark, but it is always transcribed as a question mark (37/25 & 31). (See section 3.226 for the use of double question marks in the transcription of passages of illegible text.)

f) (1) A calderon, (e.g., 7/*passim*), indicates divisions of text which may be akin to paragraphs. It is to be represented by a percent symbol, and *must* be separated from preceding and/or following text by single spaces. A calderon may have been supplied by means of scribal insertion, [^%] (e.g., 11/28-32). A calderon may also be editorially inserted if it is determined that blank space left in the text was intended for a calderon which was never supplied: [%]. An inserted calderon (scribal or editorial) is also separated from preceding and/or following text by single spaces.

(2) The scribal mark used to indicate that the text which *follows* it constitutes the concluding portion of the *previous* line is transcribed as %2, and is known for our purposes as calderon two; it is separated from any preceding or following text by a single space. In the manuscript it may take various forms, including that of a calderon, but if its function is that of a calderon two it is to be transcribed %2 regardless of its physical appearance. Normally, however, it apppears thus: (e.g., 4/61 & 70).

%2 occasionally separates non-rubric text from rubric text present on the same line (e.g., 12/12, 39 & 53). *Note* that the %2 symbol should be placed *before* the rubric mnemonic, not within it.

If %2 is not present in the manuscript it should be *editorially* inserted *after intervening text* to show that text which follows to the end of that manuscript line constitutes the concluding portion of the previous line (e.g., 1/23). This is usually only necessary where the relationship between the disjunctive segments of text is not indicated by {RUB.} codes.

In cases where all that follows a %2 is part of a word from the preceding line, and that part is taken up and joined to the rest of the word with a hyphen in the transcription, the %2 is left at the end of the line to mark the original physical lay-out. If there is no %2 in the manuscript, one should be editorially inserted (e.g., 1/32). See also section 3.231b, Rubrics.

A %2 may also be scribally inserted: [^%2].

(3) Calderon three is the term applied to the manuscript mark, similar in appearance to % and %2, which signals that the text which *follows* it to the end of the manuscript line constitutes the concluding portion of the *following* line. It is represented by the symbol %3 (e.g., 14/12), and is separated from any preceding or following text by a single space. A %3 may be inserted editorially or scribally: [%3] [^%3]. An inserted %3 *must* be separated from any preceding or following text by single spaces.

g) Punctuation should be supplied *only* where its absence can be interpreted as a case of accidental scribal omission. With the exception of the hyphen, which is always considered an editorial mark anyway, editorially inserted punctuation *must* appear within brackets.

3.215 Diacritics

a) The Apostrophe

(1) The addition of a single apostrophe serves to distinguish between *c* and *c cedilla*:

cielo / c'ielo; Ciento / C'iento

(2) If desired, the apostrophe may also be used to indicate the presence of a sigma, which may be interpreted phonetically as one of three sibilants in medieval Spanish. If the sigma functions as a *c* cedilla, it is transcribed *c''* (e.g., 31/35); the second apostrophe signals that a sigma and not a *c* cedilla appears in the manuscript. Likewise, *s'* or *z'* is transcribed if the sigma's function is either *s* or *z* (e.g., 31/23-25 & 47). The editor may, however, simply opt to interpret the sigma as one of the medieval sibilants without signaling them as sigmas through use of the apostrophe (e.g., 40/22, 39, 43, 59; 36/ final s, *passim*).

b) The Tilde

If the digraph *nn* is *never* used in the manuscript being edited to represent the palatal *n*, then *ñ* should be transcribed as *n* followed immediately by a tilde, *n~* (e.g., 20/6 & 7), since our machine-readable transcription does not permit overstriking. If the digraph *nn is* used, however infrequently, for the palatal in a particular manuscript, the tilde should always be treated as a scribal suppression mark for a following *n* (e.g., 6/64).

3.22 Basic Editorial Operations

3.221 Word Separation

a) The orthography of the scribe should be respected, within, of course, the limitations imposed by the character set (see section 3.21). The spacing between words in a given manuscript is part of the scribal orthographic practice with which the editor must become familiar. The editor should attempt to reproduce what he perceives to be the scribal pattern of word separation and conjunction except as documented below. The following are a few examples of scribal word separation patterns which, if found, *should not be altered* to accord with modern practice:

en noblescer	enel
toda uia	assus
larga mente	enque
dezir le	delos

(1) Preposition-like prefixes should not be joined editorially, and the preposition/conjunction nexus should not be separated. However, in the interest of sorting lexical items to be culled for dictionary purposes, when scribal practice is to join prepositions or other particles to words of lexical substance, DOSL practice requires that they be transcribed *separately*:

comenc'aron se *a yr*	(7/16)
entro Jacob a Egipto ... *a ueer*	(6/8-11)
otra manera *de fazer* ymagen	(2/70)
que saliesse ... *a tierra* de Jersen	(7/96)
correncia *de sangre*	(9/43)
ua *a talauera*	(20/9)
pesarie esto *a dios*	(6/61)
Tu geric' mata *a fulan*	(12/7)

Note that this editorial separation must *not* be done when simple elision, apocope, or apheresis has altered the form of the preposition or particle:

grandes fechos *darmas*	(14/20)
tabla *destanno*	(15/5)
alu<n>brad *magora`*	(40/62)
Et *llamol. & dixol.* Jacob ...	(6/74)
en *lacendent*	

(2) This editorial separation should be observed even when the resultant phrase is adverbial:

et *a menos* destos	(10/4)
de guisa q<u>e	(28/13)
a sabyendas	(31/38)
a menudo	(39/75)

(3) This editorial separation of particles should *also* be carried out when the *orthography* of the lexical items to which they have been appended has been affected (e.g., the gemination of certain word-initial consonants) by the scribal practice of welding them together:

te vas alla *a ssentar* al rincon	(22/30)
esta levantada *em pie*	(32/4)
a rraiz dun monte	
quando las ponen *de sso uno* dun monte	
a sso ora	(37/101)

In the above cases the alteration in orthography represents an attempt on the part of the scribe to reflect the pronunciation of the words involved (e.g., gemination of the *s* to indicate its unvoiced nature). When, however, the editor believes there is evidence of formal or phonetic erosion of one or more of the words involved, he should *not* attempt to editorially separate them. For example, the coexistence of forms such as *nimigaia* and *nemigaia* (i.e., "ni migaja") may indicate the medieval loss of perception of its composite nature. Forms such as these should not be separated by the editor.

b) It should be evident that it is only after becoming familiar with *customary* scribal spacing of words in a given manuscript that the editor equipped to deal with anomalies, i.e., instances at variance with the normal pattern. Two distinct classes of irregular word separation may be encountered:

(1) The editor may find instances where because of simple misplacement of the pen the scribe has separated word segments which he normally joins. Also, the editor may find words joined together due to scribal misplacement of the pen or to the intentional compacting of words on a manuscript line, e.g., to complete a segment of text at the end of a folio side. In such instances the editor should feel free to interpret word separation in the light of the conventional scribal pattern, and *no* editorial indication of such word separation need appear in the transcription. The editor need *not* therefore editorially insert or delete spaces in his transcription of the following examples:

manuscript	*transcription*
es laladeza	es la ladeza
el santoa nno	el santo anno
&elquisera	& el qui sera

(2) In certain cases the editor may determine that an anomalous instance of word separation is due *not* to careless pen placement or "crowding" of text but rather to a *misinterpretation by the scribe* of his source text. In such cases the scribe normally produces a grammatically correct but erroneous reading which is not correct in context, and the editor *must* clearly signal any deletion or insertion of space with which he corrects the erroneous scribal copying (see sections 3.223-3.225 for details of the encoding for *deletion* and *insertion*). Note the transcription of the following examples:

estas tres sen< n> al( )es sobredichas son; Jupiter	space editorially deleted
esta que[ ]mando	space editorially inserted
& tod( )a[ ]uia so	spaces editorially deleted and inserted

c) Parts of words left incomplete at the end of a manuscript line are *normally* transcribed as they appear in the manuscript, i.e., at the beginning of the next manuscript line (e.g., 1/12, 16, 18). Note, however, that the divided word *must* be completed after a hyphen at the end of the manuscript line on which it *begins* if any intervening material would otherwise not allow the completing word segment *immediately* to follow the hyphen. On plate 4, lines 79 and 81, a %2 followed by a word which is part of the preceding line intervene between two parts of a word: in such cases, the second part of the word is brought back and joined to the first part with a hyphen; the computer then sorts it as a single lexical unit, but the hyphen indicates that the second part was brought back from the following line.

d) Other instances in which a divided word must be completed *immediately* after a hyphen in order to avoid separation of word segments because of intervening data:

(1) Word division at the end of a column (e.g., 24/73). The completing word segment *must* appear immediately after the hyphen since the necessary closing brace of the {CB.} mnemonic would otherwise destroy the joining signaled by the hyphen.

(2) Word division related to %2, [%2], %3, [%3]. (The function of these punctuation marks was discussed in section 3.214f.) Part of a word may appear in the manuscript immediately before or after the %2 or %3 (e.g., 4/81; 1/65), and in both cases the divided words *must* be completed, as in the following example:

manuscript	*transcription*
ttttt- xxx- ttt ttttt %2 xxx xxx	ttttt-ttt xxx-xxx t %2 xxx

(3) Word division *before* any mnemonic (e.g., 15/16). The divided word should be completed after a hyphen *before* the opening brace of *any* mnemonic.

(4) Word division before the closing brace of *any* continued mnemonic (e.g., 12/70). The final item of the text of a mnemonic which closes with the plus sign (a continued mnemonic) *cannot* be an incomplete word: the word must be completed, after a hyphen, *before* the mnemonic is closed.

(5) *Note* that the computer does not recognize the joining function of a hyphen if it is enclosed within square brackets. Therefore, in cases where material is supplied by the editor—in a heading for example—the square brackets should be closed before the hyphen and, if necessary, opened again after it:

{HD. GEN[*E]-[*SI]S +}

3.222 Scribal Abbreviation and Expansion

a) An important feature of scribal orthographic convention is the use of abbreviations to represent frequently repeated letters or groups of letters. Broken brackets < > are used to enclose those characters supplied editorially as expansions of scribal abbreviations: *q< ue>* .

b) *Superscript* characters, those written above the rest of the line of text (not to be confused with interlinear scribal *insertion*), often accompany scribal abbreviation, and may be a letter or letters from the part of the word suppressed, as in *q< u> i`* (1/34 & 42): the grave accent following the letter i denotes that it is written above the line (see section 3.213). The *a* and the *o* also frequently occur as superscript letters with accompanying suppressed letters (see, for example, plate 6/15, 27 & *passim*.)

Editors should be careful to distinguish between the general suppression or abbreviation mark and true superscript letters; it is easy to confuse the scribal representation of a superscript *a*, for example, and a bar or tilde (compare, for example, qua< n> to 6/47 with q< u> a`nto 6/51). If the editor finds that the superscript *a* is used as a general mark of suppression, simultaneously with its function as a superscript letter embodying the representation of an additional implied letter, he is at liberty to interpret the mark as the case warrants: e.g., the same form may be interpreted as q< u> a`l or as q< ue> l, depending on context. Cumbersome deletion/insertion sequences to indicate scribal use of the "wrong" mark of suppression are thus avoided.

It should be noted that, for consistency, it has been decided to standardize the transcription of the following:

xp^{i}anos	>	xpi\` <sti> anos
x^{i}anos	>	x<r>i\` <sti> anos
g^{a}	>	g<r>a\` <cia>

See section 3.237d for the treatment of the fossilized Greek letters *x* and *p*.

c) If it is believed that a scribe has accidentally omitted an abbreviation mark rather than a character or characters, an editorial insertion of the expansion should be made: *q[<ue>]*. The editorial brackets surrounding the broken brackets serve to indicate that no *scribal* indication of suppression of characters is present in the manuscript (e.g., 9/65; 12/31).

d) If a suppression mark occurs over a word in which the letter to be suppressed has in fact been supplied, the editor should add the letter between broken brackets, and delete the redundant letter supplied by the scribe, thus: *co<m>(m)passion*.

On the other hand, if a suppression mark is truly otiose, the editor may choose either to ignore it entirely or to delete it editorially, provided that he is consistent in his practice (e.g., 16/31, 33, & *passim*).

e) Some types of subject matter will have abbreviations peculiar to it. In a treatise on magic, for example, one finds *.y.*, which is expanded as *y<magen>* (32/8 & 10). Note that the periods which serve here as scribal marks of abbreviation are *not* to be reproduced in the transcription. When, however, periods used in this way cannot or are not meant to be interpreted, the editor *should* reproduce them (e.g., fulan .N., 12/7 & *passim*). Likewise, when the editor deems that a period serves not only as a mark of abbreviation, but concurrently as a mark of punctuation, he is to reproduce it. (See plate 22, in which the interlocutors in the dialogue are identified in abbreviated terms, e.g., Ce<lestina>. The period here is retained to aid in delineating between the indication of the new speaker and that speaker's discourse.)

Medical texts make use of certain apothecary symbols carried over from Greek and Latin tradition to abbreviate in prescriptions frequently-occurring weights and measures and other formulas:

manuscript	*transcription*	
	<onc'a>, <onc'as>	(36/62)
	<escrupulo>, <escrupulos>	(36/63)
	R<ecipe>	(36/77)
	<dracma>, <dracmas>	(36/77)
	<medio/a>, <& medio/a>	(36/78)
	l<i>b<ra>, l<i>b<ras>	

In such medical manuscripts those abbreviations using periods often appear in conjunction with numerals; since periods are *retained* in numerals (see section 3.212), when a single period is present between the abbreviation and the numeral, the period is retained for the numeral (e.g., 36/77 & 86).

3.223 Deletions: Scribal and Editorial

a) Parentheses are used to indicate text which is to be deleted. It should be noted here that if two elements occur, one of which is redundant, it is general policy to take the first as correct, as in the following examples:

una tabla cuemo la ot-
(t)ra que esta a parte de dentro (29/24-25)

mas preciado q<ue> el calca-
(calca)diz (17/61-62)

pugnicion de (de) dios (14/22)

so<n> las q<ue>
(las que) fallan (17/66-67)

b) A scribe will normally indicate text to be deleted with a series of dots written beneath the text (punteado) and/or a horizontal stroke through the text (tachado). Erasure and overwriting are also methods of scribal deletion. To signal *scribal* deletion a *caret* ^ is placed immediately after the opening parenthesis: (^text); the *presence* or *absence* of the caret thus serves to distinguish between *scribal* and *editorial* deletions:

uini(^ni)eron scribal deletion
uini(ni)eron editorial deletion

Because *all* material coded within parentheses is suppressed during DOSL concordance generation, any material appearing in brackets contained within parentheses will be deleted as well. If he wishes, the editor may emend a word scribally marked for deletion, although the word will not appear in the concordance:

(^p[<r>i`]mero)

c) Since matter marked for deletion may eventually be eliminated from certain edited states of the text and the corresponding concordances produced from them, it is important that the parentheses signaling deletion be properly positioned in relation to the surrounding text. Text marked for deletion may consist of: part of a word; a complete word or several complete words; a phrase consisting of word segments and complete words; or it may simply be space which has to be deleted. *Note* the correct transcription for each of the above cases in the examples which follow; the presence or absence of *spaces* before and after the parentheses should be especially noted, for proper spacing ensures correct word separation.

(1) Word interior letters deleted: *no spaces*

buen(~)as (16/33)
uini(^ni)eron

(2) Word initial or final letters deleted: space preceding *or* following parentheses *to ensure correct word separation*

la (^l)una (15/18)
ymagen(^es) pora (2/13)

(3) Complete words deleted: spaces preceding *and* following parentheses *to ensure correct word separation*

el (^el) fondon	(4/71)
& que (que) quando	(17/70)

(4) Words and word segments deleted: because all material coded within parentheses is suppressed for concordance purposes, spaces both within and outside the parentheses of a deleted sequence must be calculated to result in the proper word separation:

transcription		*concordance*	
troba(^ndo los) los	=	troba los	
segun(guna fi)da figura	=	segunda figura	
las dos pla- (dos plan)etas	=	las dos planetas	(1/21)

It will be noted that in order to ensure that word fragments are properly joined in the concordance, where the completing portion of the word is joined to a deleted element (as in the last two examples) it is necessary to ensure that all extraneous spaces also be deleted. Where a word breaks at the end of a line (as in the last example) the editor must be sure to supply a hyphen as well (see also 17/5-6).

Because *all* material coded within parentheses is suppressed for concordance purposes, if a space is included within the parentheses of a deletion sequence is the only one separating two words, a compensatory space must be provided by the editor *to ensure correct word separation*:

transcription		*concordance*
su(^s bis) auuelo(^s)	=	su auuelo

(5) Space deleted: a space is left within the parentheses

tal(^)es opinion(^)es del Rey

3.224 Insertions: Scribal and Editorial

There are many kinds of textual material added by scribes after the production of the original text:

A Scribally Inserted Emendations

Marginal and interlinear insertions added in order to correct faulty copying, or to supply missing material (see section 3.224a).

B Glosses

Explanations of the content of the original text (see section 3.239).

C Addenda

Later expansions of the content of the original text (see section 3.240).

3.224a Scribally Inserted Emendations

All insertions, whether scribal or editorial, marginal or interlinear, are bounded by brackets, [ ]; the text which appears in the brackets *normally* constitutes a correction of the original text or the completion of a lacuna which came about during the process of copying. *Scribal* insertions are distinguished from editorial insertions (section 3.224d) by the addition of a caret *immediately* after the opening bracket: [^] (e.g., 2/27). The editor may override a scribal insertion by enclosing the insertion in parentheses:

([^que])

If the editor wishes to delete a portion of a more lengthy scribal insertion, he should embed parentheses within the brackets which mark the scribal insertion:

[^xxx (que) xxx]

The editor should *note carefully* the following norms for the transcription of inserted text:

(1) When dealing with insertions (scribal or editorial) *proper spacing* must be left before and/or after the inserted material. Failure to provide such spacing can seriously affect word separation in any concordance produced from the text. Note the role played by spaces in the transcription of the following insertions:

(a) Word interior letters inserted: *no space*

enel ascen[den]te	(17/45)
fig[<ur>]ras	(9/65)

(b) Word initial or final letters inserted: space preceding *or* following brackets *to ensure correct word separation*

& [^a]matala en	(2/36)
por la[s] horas	(18/45)

(c) Complete words inserted: spaces preceding *and* following brackets *to ensure correct word separation*

en [^cuerno] de buey	(15/59)

(d) A combination of words and word segments inserted: space preceding *or* following brackets (if necessary) *to ensure correct word separation*

et la[s casas] son	space needed following bracket
otra [^ma]nera	*no* space needed following bracket

(e) Space inserted: a space is left within the brackets

ala[^]ladeza de	(19/41)

(See section 3.221a for an important discussion of *editorial* insertion and deletion of space.)

(2) If a marginal insertion consists of more than one line of text it should be transcribed line-by-line, as it appears in the manuscript; however, the final inserted line should run on to the main body of the text, as in examples 1 & 2 below. The examples indicate the *three* possible positions of occurrence of

marginal insertions and the proper transcription for each. *Note* that *no* attempt is made to describe the position of the insertion on the page, and that therefore if the insertion carries over on to the next folio, there is no need to indicate this. However, the transcription *does* indicate whether the text is inserted at the beginning (1), middle (2), or end (3) of a manuscript line. In these examples, the following abbreviations are used:

t = original text
i = marginal insertion
ˆ = in the left-hand column, the point in the manuscript at which the scribe has indicated the insertion of marginal text.

1

manuscript	*transcription*
ttt iii	ttt
ttt iii	ttt
ˆttt ii	[ˆiii
	iii
	ii] ttt

2

iii ttt	ttt
iii ttˆt	tt [ˆiii
ii ttt	iii
	ii] t
	ttt

3

tttˆ iii	ttt [ˆiii
ttt iii	iii
ttt ii	ii]
	ttt
	ttt

(See plate 2, lines 40-46 for an example of type 2 marginal insertion.)

(3) To mark the presence of scribal insertions written in *non-original hands* an Arabic numeral should appear immediately after the caret: [ˆ2]; *no space* should appear between the Arabic numeral and the first word of inserted text: [ˆ2text] (e.g., 20/18 & 42). Scribal insertions written in the *original* hand require *no* Arabic numeral (scribal corrections, i.e., insertions and deletions done by a contemporary corrector, are considered original). Arabic numeral 2 may serve to identify *all* scribal insertions in non-original hands.

or

If the editor concludes that he can correctly and consistently distinguish between each of several hands noted, different Arabic numerals may, at the editor's discretion, be used to indicate the order of appearance of these differing hands from the beginning to the end of a particular manuscript. The *original* hand does *not* require an Arabic numeral; subsequent differing hands are identified by inserting the appropriate Arabic numeral 2 through n:

[^ttt]
[^2ttt]
[^3ttt]
[^nttt]

(4) Care must be taken when dealing with *scribal* insertions to include only that material which relates to the text; marginal jottings should be ignored.

3.224b Glosses (See section 3.239, **Gloss**)

3.224c Addenda (See section 3.240, **Addendum**)

3.224d Editorially Inserted Emendations

Editorial Insertion to supply material missing in the original text is also possible, but such insertions should be made *only* where a clear omission or obliteration of text is detected, and the editor should replace *only* what he is certain has been lost. All editorially inserted text must be enclosed between brackets, [ ] (e.g., 17/45). The following points should be noted:

(1) If the editor concludes that the absence of an *undetermined* amount of text results in a loss of continuity at some point on a folio side, the marker [...] should be used to signal the *non-sequitur* (e.g., 21/3). The non-sequitur marker should also be used to signal loss of continuity which occurs where the scribe has copied a passage out of sequence. In such a case *two* non-sequitur markers would be needed to mark the loss of continuity, one at the beginning and one at the end of the passage copied out of sequence. See section 1.3 for the use of the non-sequitur marker to indicate the loss of folios containing text.

(2) When editorial insertions are lengthy they should be typed as "run-on" text, since it is pointless to attempt to guess what the line divisions might have been in the original.

(3) For a consideration of certain types of editorial insertion which do *not* supply missing text, see section 3.226, Illegibility.

3.224e Insertions Which Cross Column or Folio Side Boundaries

All sets of brackets must be closed within the {CB.} mnemonic in which they open. If text inserted (whether by scribe or editor) continues from one column or folio side to the next, separate *complete* sets of brackets *must* be present within each {CB.} mnemonic involved.

3.225 Deletion-Insertion Combinations

a) Often both deletion and insertion are involved in a single textual emendation. In such cases the deletion is *always* signaled *first*, followed by the insertion, and both scribal and editorial emendations of this combined type are rendered thus. *No space* is left between the parentheses (signifying deletion) and the brackets (signifying insertion) *unless* complete words are deleted and inserted:

del(^o)[^a]s otras (14/22)
(^2???) [^2Arroyo...] (20/18)

b) The following types of emendation combine both deletion and insertion, and entail the use of parentheses and brackets as detailed above:

(1) Scribal correction and alteration of characters and words

a muerte o (^e)[^a] lisio<n> (25/25)

(2) Editorial correction of characters and words

despues faras una li(m)[nn]a ... (28/16)

(3) Transposition of contiguous text

(^claro & limpio) [^limpio & claro] (17/29)
(un)[nu]mero de (22/22)

(4) Transposition of non-contiguous text

& en los [^a<n>g<u>los] ouiere signos mouibles (^a<n>g<u>los)

(5) Editorial cancellation or overriding of a scribal deletion:

If the editor decides that a scribal indication of deletion is in error he may wish to override the *entire* scribal deletion. This is done by following the scribal deletion in parentheses with an editorial insertion of the same text in brackets:

primera figura (^es) [es] Mars

If the editor wishes to override only *part* of a scribally deleted text, he must first enclose the text marked for deletion by the scribe in parentheses, and then supply a *separate* set of brackets containing only that *part* of the deleted text which he has determined should be restored:

& lo que fuer parte lo por .xv. (^& lo
que fuer; parte lo por .xv. &) [&] (18/77-78)

Note that only the ampersand is editorially restored: [&].

3.226 Illegibility

a) Many types of defacement, effacement, and mutilation render manuscripts illegible. Malformed scribal letters may result in a doubtful reading, and if such doubt cannot be resolved editorially by an examination of the internal evidence of the manuscript, then that text should also be treated as illegible. The editorial insertion of *double* question marks denotes the presence in the manuscript of *part of a word* which is illegible:

fueron a po[??] &

To indicate that a *full word* is illegible, single spaces *must* separate the double question marks set in brackets from preceding and following text:

estrellas [??] (21/6)

Three question marks within brackets are employed to signal the illegibility of a *phrase*, i.e., a combination of two or more complete illegible words. A space should separate this set of brackets from surrounding text:

[???] et alc'alas po-
[?? ???] quisieres obrar conestas estrellas [??] (21/5-6)

Note in the above example that a space separates the double question marks which complete the word begun in the previous line from the triple question marks used to indicate that an illegible phrase follows. Both sets of question marks may be coded within the same set of brackets.

If nothing is legible on a manuscript line, that line should be represented simply by three question marks enclosed in brackets (e.g., 21/9-36).

Note that a *single* question mark is *never* used to indicate illegibility; a *single* question mark is *always* a mark of punctuation, whether it appears as part of the original text or in the brackets signaling an insertion (see section 3.214e).

The double and triple question marks which signal illegibility may appear within the parentheses denoting a deletion: (??) and (???). If the editor wishes to signal that a deletion-insertion emendation has been effected by the scribe *and* that the text deleted is illegible (erased, over-written, etc.), he should place the appropriate number of question marks within parentheses and provide correct spacing:

escandalo(^??)[^s]os (16/63)
(^2???) [^2Lomo...] (20/42)

In the event that, because of scribal correction, part of a word is illegible and is followed by an illegible series of complete words, the illegible portion should be separated from the illegible string, thus:

g<r>a`(^??)[^do] (^???) [^sube un mulo...] (1/21)

b) An editor may wish to attempt reconstruction of illegible text. *Caution* should be exercised with regard to editorial reconstruction, however; the editor should *not* reconstruct without adequate internal justification. *All* reconstructions must be placed within brackets. An *asterisk* should appear *immediately* after the opening bracket, and the reconstructed text should *immediately* follow the asterisk:

& [*recabdaras] (9/13)

The asterisk communicates the hypothetical, reconstructed nature of the text and also clearly differentiates between reconstruction of illegible text—fig[*ur]a—and editorial insertion to complete a scribal lacuna—fig[ur]a—. It will be noted that illegibility is indicated by the fact that reconstruction has been attempted; it is *not* necessary to use question marks within parentheses in this case.

{AD. [^[???] [*d]esde cabo (20/8)

In this example, it will be noted that the *d* of *desde* has been supplied by the editor, and that this editorial information *must* be given in a separate set of brackets from the question marks, with an intervening space.

c) A later hand or hands may supply text which attempts to reconstruct illegible original text, and the editor has to decide whether these attempts are valid *scribal* reconstructions. If such a reconstruction is legitimate, the editor should signal that the passage effecting the reconstruction is in a *non-original* hand. It will be remembered that the presence of a *non-original* hand is signaled by an Arabic numeral immediately after the caret which identifies the insertion as scribal: [*^2text]. Plate 23, lines 27-34, provides an excellent example of textual reconstruction in a non-original hand. See section 3.224a(3) for a review of the *editor's option* to indicate *all* non-original hands with the Arabic numeral 2, *or* to differentiate between successive differing hands with the Arabic numerals 2 through n.

3.23 Further Mnemonics

The mnemonics used to signal heading and column boundaries have been discussed above, in sections 2 and 3.1 respectively. Various other physical and textual features are also indicated by the use of brace-bounded mnemonics. The listing of those mnemonics here in section 3, *Column Boundaries*, is arranged in order of their typical appearance within the limits of a column of a normal folio side. When dealing with brace-bounded mnemonics it must be remembered that *all brace-bounded mnemonics begun within a {CB.} mnemonic must be closed within the same {CB.} mnemonic.* When a mnemonic is incomplete at the close of of column boundary, it must be *closed* before the closing brace of the {CB.} mnemonic and a like mnemonic reopened after the new {CB.} has been opened:

```
[fol. 6r]
{CB2.
text
{RUB. Del sag<r>a`mie<n>to dela co<n>firmacio<n> q<ue>}}
{CB2.
{RUB. fazen los ob<is>pos en la fruente. L<ey> .xja`.}
text}
```

Note that *no* plus sign is necessary in this instance, as there is no intervening text between the like mnemonics to disrupt the logical flow of the text. If, however, the logical flow of any text delimited by a particular brace-bounded mnemonic *is* interrupted by intervening text not delimited by that mnemonic, that incomplete mnemonic *must* be closed with the plus sign (+) to signal the continuation of its text in the next like mnemonic:

```
[fol. 188v]
{HD. LIBRO DEL RELOGIO DELL AR-GENT +}
text of 188v
[fol. 189r]
{HD1. VIVO}
text of 189r                                    (3 & 4/1-2)
```

Note that *all* mnemonics employ *only* upper case letters, and that a period *immediately* follows the last letter of the mnemonic, except for {RMK:} which is followed by a colon. (See section 5.2. Note that there is another type of *remark field* which may be opened after a colon in any mnemonic: it is explained in section 5.1.)

3.231 Rubrics

a) The scribe often highlights the titles or *rubrics* of sections of a manuscript by writing them in red, or by separating them from the rest of the text. However, when no such clear distinction is made, the editor must rely on *content* to determine whether or not a specific text is a rubric. In all cases material considered by the editor to be a rubric is enclosed in the brace-bounded mnemonic {RUB.}:

> {RUB. Estas son las figuras que suben en los grados
> del signo de escorpion.} (1/3-4)

b) There are many instances in which the presence of intervening non rubric text will affect the transcription of a rubric, since the logical flow of the rubric is at variance with the linear flow of the text. The following general principles should be observed in such cases:

(1) If a rubric is interrupted by non-rubric text it must be closed with the plus sign (+) at the point of interruption. The rest of the rubric text is enclosed in separate brace-bounded rubric mnemonics:

> {RUB. De como Recibio josep asu padre & +}
> III {IN4.} JOsep {RUB. as< us> h< er> manos...} (7/97-98)

(2) If *word division* occurs at the point of interruption of a rubric, the divided word must be completed after a hyphen (to ensure its lexical integrity) *before* the mnemonic is closed with the plus sign:

> {RUB. La sexta mansion es pora meter a-mor +}
> {IN2.} La .vja`. mansion es {RUB. entre dos.} (12/70-71)

(3) When the need to complete a word before the close of the mnemonic results in an editorial alteration of the original manuscript position of the *only* word segment of a rubric present on a given manuscript line, a rubric mnemonic containing *no* text *must* be used to mark that original location:

> {RUB. La segunda es pora toller sa< n> -na +}
> {IN2.} La segunda mansion es albotayn. & %2 {RUB.} (12/11-12)

If the rubric continues after the insertion of an empty {RUB.}, a plus sign should be inserted before the closing brace of that empty mnemonic. On plate 24 a lengthy rubric runs from line 6 through line 16. The logical flow of the rubric is interrupted at the end of line 11 which closes with the plus sign. Note that *each* of the rubric mnemonics on lines 11 through 15 ends with the plus sign, and that lines 12, 15, and 16 have empty rubric mnemonics.

c) The length of rubrics varies, but, whatever its length, a rubric is always enclosed within the rubric mnemonic. Occasionally a lengthy rubric will exceed the space left for it in the manuscript, causing the rubricator to finish in the margin: where he follows the line divisions of the column, the rubric is transcribed normally (e.g., 24/12-16); but if he writes at right angles to the text, that portion of the rubric should be treated as part of the final line of rubric text:

manuscript		*transcription*
De los saberes		{RUB. De los saberes +}
ttt de la sèxta		ttt {RUB. de la sexta casa}
tttttttttttt	c	tttttttttttt
tttttttttttt	a	tttttttttttt
tttttttttttt	s	tttttttttttt
ttttt	a	tttttttttttt

d) If rubric text has been scribally inserted, the text *alone* and *not the mnemonic* should appear within the brackets denoting insertion. Normally a mnemonic does *not* appear within parentheses or brackets since the mnemonic itself is not text and cannot be deleted or inserted:

{RUB. [^delos saberes de la t<er> cera casa.]}

There is, however, one type of emendation which could result in the placing of a mnemonic within parentheses or brackets. If a later scribe were to insert or delete lines of text *within which* a brace-bounded mnemonic appeared, parentheses or brackets would then enclose the mnemonic:

(^2tttt {RUB. rrr} ttt)
[^2tttt {HD. hhh} ttt]

e) *All brace-bounded mnemonics begun within a {CB.} mnemonic must close within the same {CB.} mnemonic.* If a rubric is incomplete at the end of a column or folio side, the mnemonic must be closed at the end of that column or folio side and the continuation of the rubric should appear in a separate {RUB.} mnemonic on the following column or folio side. See plate 13, lines 32-35, and plate 14, lines 3-5 and the first example in section 3.23, above. Note that because there is no intervening text to disrupt the flow of the text, no plus sign is necessary before closing the first mnemonic.

f) See section 3.238a(3) for the coding for blank space left in a manuscript intended to contain rubric text.

g) If the editor decides on the basis of their content that two distinct rubrics appear consecutively in the manuscript, he should transcribe each within the braces of a separate {RUB.} mnemonic (e.g., 38/25-32).

3.232 Initials

a) Illuminated and non-illuminated initials of varying size, color, and design often appear on a folio side, and their presence is indicated in the transcription by the brace-bounded mnemonic {IN.} An Arabic numeral always records the equivalent number of lines of text occupied by the box of the initial, excluding the ascender or descender (e.g., 11/46, 63 & 81; 12/12; 20/18). Note that a period and the closing brace *immediately* follow the Arabic numeral. The letter which appears as an initial in the manuscript then follows the whole mnemonic, after one blank space (e.g., 1/5 & 10; 33/15 & 50), and should *always* appear as a capital. Although neither the color nor the presence of illumination is normally indicated in the transcription of an initial, such information may be recorded, at the editor's discretion, in the remark field which may be opened by a colon after any mnemonic:

{IN6: initial illuminated.} EN...

b) In certain instances initials such as *I* and *J* present a problem since they do not appear within a box, but are written in the left hand margin. An Arabic numeral equal to the number of lines of text normally occupied by the boxes of initials signaling the same sense divisions (i.e., chapter, book, etc.) should be used to complete the mnemonic (e.g., 7/98).

c) When a scribe corrects an initial he normally writes the correct letter over the incorrect one. Note that the proper representation of this is *scribal* deletion-insertion signaled by a caret (^) within parentheses or brackets.

{IN3.} (^H)[^P]riuilegio tanto quier dezir; (25/11)

d) When the rubricator has ignored or misinterpreted the small scribal prompt and inserted the wrong initial, the editor uses the same sequence as above in order to indicate that the two versions are present in the manuscript. Both letters are represented as capitals, and the editor places the one he believes to be correct within brackets.

e) Several types of *editorial* emendation may also affect initials:

(1) The editor may correct an initial:

{IN3.} (N)[L]a ladera de... (20/30)

(2) If the scribe has left a blank space which was intended for an initial, the editor may supply this initial *if* the identity of the letter can be established with certainty:

{RUB. {IN1.} [E]ste es el prologo... (23/5)
{IN7.} [R]Obi es piedra... (42/45)

Note that a *capital* letter is editorially inserted to represent the missing initial.

(3) If a scribed or printed letter occupies space which the editor concludes was intended for an initial, he should delete it and replace it editorially with a capital letter:

{IN4.} (l)[L]Os engan~adores (8/11)
{IN3.} (l)[L]A aguila volando (38/34)

In manuscripts such a letter was sometimes left as an indication of the initial to be supplied later by the illuminator.

f) A historiated initial is one which includes a miniature painted within the limits of the box of that initial (e.g., 17/5 & 50). The transcription reflects the position of the miniature *within* the box; thus the {MIN.} mnemonic appears within the {IN.} mnemonic: {IN10. {MIN.}}.

3.233 Illumination, 3.234 Miniature, and 3.235 Diagram

As a preface to these sections certain similarities and differences should be noted with regard to illumination, miniatures, and diagrams.

a) All three of these features are *similar* in that they are *not* composed of text, although they may be found associated or combined with text.

b) These features *differ* in the value and nature of their content:

(1) Illumination is *purely ornamental* and has no meaningful content, either textual or pictorial. Because of this, it is *not* normally represented in transcription.

(2) A miniature does have *pictorial* content, and usually illustrates accompanying text; no really new information is normally provided by a miniature.

(3) A diagram normally consists of *graphic* content which seeks to complement the written text by *summarizing* or *exemplifying* what is referred to in it; diagrams are common in astronomical and

scientific texts. The diagram is of higher informational value than either illumination or miniature since the accompanying written text alone might not convey all of the information.

3.233 Illumination

Although illumination is *not* normally represented in DOSL transcription, if for any reason the editor decides that he wishes to indicate its presence, he may do so using the {ILL.} mnemonic. Illumination is often found at the start of a major section of a given work (e.g., 6/5-6); as a border for diagrams or titles (e.g., 26/53 & 55); enclosing initials (see section 3.232a); or as line filler (e.g., 4/39 & 85). Note that if the editor has chosen to signal the presence of illumination by use of the {ILL.} mnemonic, when illumination is used as line filler the editor should restrict use of that mnemonic only to cases involving one full line or more, as on plate 4. (See also section 3.234b, note.)

3.234 Miniature

a) The brace-bounded mnemonic {MIN.} serves to signal the presence of a miniature in the manuscript.

b) Since a miniature usually depicts what is described in the surrounding text, *vectors*, represented by the "equals" sign, may be incorporated into the mnemonic to indicate the relationship of the miniature to:

preceding text:	{=MIN.}	(e.g., 30/12)
following text:	{MIN=.}	(e.g., 8/10)
surrounding text:	{=MIN=.}	(e.g., 8/4)

Note that when the vector indicates a relationship to following text (as in the last two examples), the period is placed *after* the vector. If the relationship between miniature and text is not clear, *no vectors need be employed.* (It should be noted that vectors can *never* be used with the illumination mnemonic {ILL.}, since illumination has no informational content.)

c) Occasionally a miniature will be found which contains some text *within* its boundaries. In such cases this interior text is recorded within the brace-bounded mnemonic:

{MIN. ALEXANDER MAG} (27/3)

d) See section 3.232f for an explanation of the correct transcription for a historiated initial.

3.235 Diagram

a) A diagram normally appears physically separated from preceding and following text, and may itself contain an explanatory text. It is represented by the brace-bounded mnemonic {DIAG.} (e.g., 2/4), and if it contains text, that text is transcribed *within* the braces of the diagram mnemonic:

{=DIAG. el cerco do son las cauaduras} (26/53)

Note that *vectors* may also be used with the diagram mnemonic to show the manner in which a diagram relates to surrounding text (see 3.234b for a review of details related to vectors).

b) In section 3.14 the relationship between diagrams and column boundaries was treated. Two points should be recalled:

(1) A diagram is normally considered *one* unit and is represented in the *column format* most appropriate to its shape.

(2) Even in the case of an irregularly shaped diagram, *if* the general impression is one of *unity*, the diagram should be represented as a unified whole within the braces of the most appropriate {CB.} mnemonic.

c) A diagram containing no text which begins at the end of a column or folio side and continues onto the next column or folio side should be coded using the remark field of the {DIAG.} mnemonic:

{DIAG: diagram continues on next folio side.}

Because brace-bounded mnemonics must close within the same {CB.} mnemonic in which they begin, the concluding portion of the diagram must be coded for in a separate {DIAG.} mnemonic within the next open {CB.} (e.g., 28/62; 29/4).

If, however, such a diagram contains text which also continues onto a new column or folio side, a plus sign (+) must be included to signal that the text is interrupted by the rupture of the diagram:

{DIAG: diagram continues on next folio side. ttttttt +}}

The concluding diagram would be coded as follows:

{=DIAG: tttttttttttt}

d) Certain manuscripts, e.g., astronomical/astrological texts, contain diagrams in the form of wheels, charts, etc., which are divided into discrete physical units containing text. A vertical bar, |, must be used to signal the presence of such internal physical divisions in a diagram (e.g., 19/42-54). Note in the example that a vertical bar must appear *before* the first segment of text, *between* segments, and *after* the final segment; the final vertical bar should appear *immediately* before the closing brace of the mnemonic.

e) Note how deletion and insertion of diagrams is dealt with in the following examples:

(1) If an entire diagram is deleted or inserted, the remark field of the {DIAG.} mnemonic *must* be employed to register this information:

{DIAG: scribally deleted.}
{DIAG: scribally deleted. ttt}

{DIAG: scribally inserted.}
{DIAG: scribally inserted. ttt}

{DIAG: editorially deleted.}
{DIAG: editorially deleted. ttt}

(2) If just the text contained in a given diagram is deleted or inserted, then that text should be enclosed between parentheses or brackets, respectively. The brace-bounded {DIAG.} mnemonic should enclose the full text contained within the diagram:

{DIAG. ttt(^tt)}
{DIAG. (^tttt)}

{DIAG. ttt(tt)}
{DIAG. (ttttt)}

{DIAG. ttt[^tt]}
{DIAG. [^ttttt]}

3.236 Language Mnemonics

When a text contains *passages* (i.e., *not* occasional, isolated words) written in a language *other than Spanish*, the editor should enclose such passages in a separate language mnemonic, thus enabling the computer to ignore the words contained in these sometimes lengthy passages for concordance purposes.

The language mnemonics are the following:

{LAT.}	Latin
{GAL.}	Galician
{PRT.}	Portuguese
{CAT.}	Catalan
{BAS.}	Basque
{FRN.}	French
{PRV.}	Provençal
{ITL.}	Italian
{ENG.}	English
{GER.}	German
{ARB.}	Arabic
{HEB.}	Hebrew

Plates 39 and 40 contain examples of various language mnemonics.

a) As with all mnemonics embedded within {CB.} mnemonics, language mnemonics must be closed before the closing brace of the {CB.} and a like mnemonic opened within the new column boundary.

b) See section 3.237b(2) for the proper coding for text in non-Spanish languages which is also written in a non-Roman alphabet.

3.237 Symbol

a) A text may contain letters or symbols which cannot be directly reproduced by our Roman character set. These symbols appear in astronomical, astrological, and similar texts, and are represented by the brace-bounded mnemonic {SYMB.} (e.g., 9/25-34 & 52-63).

b) When the editor is transliterating text written in a non-Roman alphabet into the Roman alphabet (using one of the generally accepted procedures for such transliteration), he must *enclose* the transliterated text within a brace-bounded {SYMB.} mnemonic and include an identification of the language from whose alphabet the text was transliterated in the remark field of this mnemonic, e.g., {SYMB: transliterated Arabic characters. tttttt}. Plates 34 and 35 provide examples of a *ladino* and an *aljamiado* text which the editor has transliterated from Hebrew and Arabic characters, respectively.

(1) Note that in the plates the transliterated text continues across folio boundaries. Separate {SYMB.} mnemonics enclose the text of each folio side as *all brace-bounded mnemonics must close within the*

{CB.} mnemonic in which they begin. Because there is no intervening text involved, however, no plus sign need be placed before closing the {SYMB.} mnemonic. Note that the editor must repeat the message in the remark field every time he opens up a {SYMB.} mnemonic in a new column or folio side.

(2) If a text written in a non Roman alphabet contains passages in a language other than Spanish, the editor should open a language mnemonic (described in section 3.236 above) within the {SYMB.}, embedding the text of the non-Spanish language in the {SYMB.} mnemonic. In the following example, a Spanish *aljamiado* text written in Arabic characters contains a passage in the Arabic language which crosses folio boundaries before continuing the Spanish vernacular text:

```
[fol. 1r]
{CB1.
{SYMB: transliterated Arabic characters. tttttttt
tttttttttttttttttttttt
tttttttttttttttttttttt
tttttttttttttttttttttt
tttttttt
tttttttttttttttttttttt
tttttttttttttttttttttt
tttttttttttttttttttttt
{ARB. tttttt
tttttttttttttttttttttt
tttttttttttttttttttttt}}}
[fol. 1v]
{CB1.
{SYMB: transliterated Arabic characters. {ARB. tttttttt
tttttttttttttttttttttt}
tttttttttttttttttttttt
tttttttttttttttttttttttt}}
```

Note that while both the {SYMB.} and {ARB.} mnemonics must be closed at the end of the folio side and reopened on the next, because there is no intervening text, *no* plus sign need be used to mark the continuation of the text in the next like mnemonic. Note also that the message in the remark field has been repeated. See plate 35 for an additional example.

d) The Latin graphic equivalents of certain Greek letters (e.g., xp = *chi rho* and ih/jh = *iota eta*) were incorporated into the Latin scribal tradition and are preserved in various words in early Spanish texts as well. Since medieval scribes often employed these letters as formulas, losing sight of their phonetic value in Greek, it is not unusual to find them used in combination with the Latin letters they were originally meant to represent: *xpisto/xpristo*, *xpistiano/xpristiano*; *ihesus/jherusalem*. These letters should be transcribed using the Latin graphic (not phonetic) equivalents, and preserved as spelling variants; that is, no attempt should be made to transliterate them to their phonetic counterparts in Latin or Romance, even when they occur as part of a lexical item, e.g., *xp<ist>al* (42/21). DOSL, therefore, will treat them as simple orthographic variants.

Because the second letter of the fossilized *ih* (= *iota eta*) nexus was not generally perceived by medieval scribes to be vocalic, they would supply the letter *e* when writing full forms such as *jhesu* and *iheremias*. Therefore, in expanding scribal abbreviations used in conjunction with this nexus, the editor should supply the *e*as part of the expansion: e.g., *jh<es>u*, *ih<er>emias*, *jh<e>r<usa>l<e>m* (37/4). When, as frequently occurs, the second letter of the *xp* (= *chi rho*) nexus has been scribally abbreviated, the editor should use an *r* in his resolution of the abbreviation. Contrast the following examples:

x^{i}anos	>	x < r > i` < sti > anos
xp^{i}anos	>	xpi` < sti > anos

3.238 Blank

a) The {BLNK.} mnemonic is used only when an area *intended for text* was left blank in a manuscript.

(1) The {BLNK.} mnemonic should be inserted at the point in the line where the blank area physically occurs:

nasciere enel {BLNK.} (1/35 & 51)

(2) When the blank area consists of more than one line left blank for text to be supplied, only *one* {BLNK.} mnemonic should be used and the editor should employ the remark field of the {BLNK.} mnemonic to indicate the number of lines left blank:

mansion faz figura {BLNK: 12 lines left blank.} (15/32)

(3) If the editor determines that the missing text would have been a rubric, the {BLNK.} mnemonic should be enclosed within the braces of a {RUB.} mnemonic.

When an *entire* rubric appears to be missing, the editor should enclose the {BLNK.} mnemonic within the braces of a {RUB.} mnemonic and open the remark field of the {BLNK.} mnemonic to indicate the number of lines left blank:

{RUB. {BLNK: 3 lines left blank.}}

When only *part* of a rubric appears to be missing, a {BLNK.} mnemonic should be enclosed within the braces of a {RUB.} mnemonic:

{RUB. La .xxija`. mansion es pora +}
{IN2.} La .xxija`. mansion es c'aad {RUB. {BLNK.}} (15/29-30)

(4) If the editor determines that the missing information would have been a symbol or symbols, the {BLNK.} mnemonic should be enclosed within the braces of a {SYMB.} mnemonic (e.g., 42/28 & 59).

(5) The function of the {BLNK.} mnemonic—to record the *physical* presence of a blank area in the manuscript—should not be confused with that of the non-sequitur mark, [...], which indicates that a portion of text is missing and that there is a resulting interruption in the sense flow (see section 3.224d(1)).

b) Other blank areas in a manuscript should be dealt with as follows:

(1) Blank space may serve as a physical cue to *sense divisions* in a text (e.g., between books or chapters or between stanzas of poetry or individual poems). Because DOSL's concordance program permits the option of incrementation or non-incrementation of line numbers for blank lines in a transcription, the editor may code for such blank lines present in a text by entering a *single carriage return* for each blank manuscript line. (Note: multiple spaces must *never* be inserted to represent a blank line).

On plates 16, 31, and 40, for example, the blank area which separates stanzas of poetry has been represented in the transcription by the presence of a blank line. In plate 8, the blank space separating the fables has been treated in the same way. See plates 20 and 38 for additional examples.

Note that although such blank lines represented in a transcription by a carriage return do not affect the line count of a concordance, the editor need *not* attempt to reproduce the actual number of lines left blank to mark a particular sense division. A *single* blank line may be used in the transcription to represent any amount of physical blank space in a manuscript which marks such sense divisions in the text. On plate 38, for example, the variable blank space left at the end of a section and before and after the rubrics which conclude it and introduce another are each represented by single blank lines.

The editor should *not* introduce into his transcription blank lines *not actually present* in the manuscript, or those that are present but which serve no discernible function. On plate 16, for example, no blank line should be editorially inserted between the last two stanzas, as there is none in the manuscript, while the scribed lines at the end of the second column on plate 42 are not represented in any way in the transcription.

(2) A blank area in a manuscript may be due to a defect in the parchment. Because they do not signal a change in the sense flow of the text, such blank areas should be ignored in the transcription. On plate 41, line 27, for example, a small hole in the parchment caused the scribe to write part of a word on either side of it. This word has been transcribed with no break or editorial comment: enconada. (See plate 20, line 42, for another example.) If, however, he believes such a feature is important for any reason, the editor is at liberty to insert a short comment within a {RMK:} mnemonic (see section 5 for a discussion of the {RMK:} mnemonic).

(3) Blank columns and blank folios were discussed in section 3.15.

(4) Sometimes space left blank for an initial or calderon was not completed, in which case the appropriate character should be inserted by the editor (see section 3.232e(2) and 3.214f).

(5) If space was left for a feature with no line divisions, such as a diagram or a miniature, the editor should use the remark field of the appropriate mnemonic to record this information:

{DIAG: space left for a diagram.}

(6) All other blank areas should be ignored.

3.239 Gloss

a) See section 3.224a for an introduction to the transcription of inserted text.

b) A gloss is an explanation of a term or passage in the text, and may vary in length. It may appear anywhere on a folio side but only its sense relationship to the principal text is indicated by inserting it *immediately after* the term or passage to which it refers. The brace-bounded {GL.} mnemonic encloses each gloss, but in addition *all* gloss texts must appear within brackets since a gloss is a special kind of scribal insertion: {GL. [^text]}. See 16/31-50 & 59-77 for examples.

c) If the editor chooses to indicate the presence of glosses written in different hands, he may do so in one of two ways. He may *either* distinguish all subsequent hands noted in the glosses from the first gloss hand by the inclusion of the Arabic numeral 2 after the caret; the first hand needs no numeral:

{GL. [^text]}
{GL. [^2text]}

or

If the editor concludes that he can correctly and consistently distinguish between each of several scribal hands noted in various glosses, *different* Arabic numerals may be employed to indicate the order of appearance of each of the differing scribal hands from beginning to end of that particular manuscript. The first gloss hand to appear needs *no numeral*, and subsequent differing gloss hands are identified by the insertion of the appropriate Arabic numerals 2 through n.

{GL. [^text]}
{GL. [^2text]}
{GL. [^3text]}
{GL. [^ntext]}

d) The editor should preserve the physical lay-out of a multi-line gloss by transcribing it line-by-line as it appears in the manuscript, *except* that the last gloss line should run on to the body of the text at the point of interruption, as in the following example:

% % frondinodio {GL. [^% % frondinodio. c'ibdadano de rroma asy co-
...
paresc'iese./]} por seruar
lo q< ue> ordeno
presta mente se peno (16/59-79)

It should be noted that if the last element of a gloss is part of a word which has to be taken back to the previous line and joined to the first part of the word with a hyphen, its position in the manuscript is indicated by means of an empty {GL.} mnemonic.

e) *All brace-bounded mnemonics must close within the {CB.} mnemonic in which they begin.* However, since the actual position of the gloss on the manuscript page is never indicated, in the unlikely event of a gloss spanning two folio sides, that portion of the gloss on the following folio is brought back and inserted in the appropriate place, without indication.

3.240 Addendum

a) See section 3.224a for an introduction to the transcription of inserted text.

b) An addendum is a scribal expansion of the content of the original text, added after that original was completed; *however*, additions made by the original corrector of the manuscript are not considered to be addenda. An addendum may appear anywhere on a folio side but its *spatial* relationship to the original text is *not* noted in the transcription. Its *logical* relationship is, however, indicated by transcribing it *immediately after* the text which it amplifies and within the {CB.} mnemonic of that text. The brace-bounded {AD.} mnemonic encloses the text of each addendum present in a manuscript (e.g., 20/8-12 & 51-56).

c) If the editor chooses to signal the presence of addenda written in different hands, he may do so in one of two ways. *All* addenda must appear within brackets indicating scribal insertion: [^text]. The {AD.} mnemonic encloses this set of brackets and identifies this form of scribal insertion as an addendum. The first addendum hand appearing in the manuscript requires *no* Arabic numeral; *all* subsequent addenda hands may be distinguished from the first by the addition of the Arabic numeral 2:

{AD. [^text]}
{AD. [^2text]}

or

If the editor concludes that he can correctly and consistently distinguish between each of several hands noted in addenda, a *differing* Arabic numeral should be used to indicate the order of appearance of the corresponding addenda hands from beginning to end of that particular manuscript. The first addendum hand to appear requires *no* Arabic numeral; subsequent differing addenda hands are identified by the insertion of the appropriate Arabic numerals 2 through n:

{AD. [^text]}
{AD. [^2text]}
{AD. [^3text]}
{AD. [^ntext]}

d) The editor should preserve the lay-out of a multi-line addendum by transcribing it line-by-line as it appears in the manuscript, *except* for the last line, which he should join to the main body of the text:

text {AD. [^addendum text
...
[???] [??]nda q< ue> ua a oro pesa fasta la boca
[???] [??]da de tietar]} % Et son las armadas la (20/8-12)

As with glosses, if the only addendum text on the last line of the addendum is part of a word, the segment is taken back and joined to the segment on the preceding line with a hyphen, and its physical location is indicated by means of an empty {AD.} mnemonic.

e) *All brace-bounded mnemonics must close within the {CB.} mnemonic in which they begin.* However, for the same reason as with the glosses, addenda texts that run over on to following sides are brought back and inserted in the appropriate place, with no indication of provenance.

4. Catchword

4.1 In manuscript texts there may appear at the foot of the verso of a folio side a brief note consisting of the initial words or letters of the text which begins on the following folio side. This note served to ensure the proper continuity of text when individual quires of the manuscript were bound together in the formation of the codex.

4.2 Such a note is called a catchword ("reclamo" in Spanish) and is enclosed in the brace-bounded {CW.} mnemonic (e.g., 31/47). The {CW.} mnemonic and the text of the catchword *must* appear on a *separate* line *after* the closing brace of the final column boundary {CB.} mnemonic of a folio side:

{CB2.
text
text}
{CW. text}

Note that any blank area between the text transcribed within {CB.} mnemonics and the catchword is *ignored* in transcription (e.g., 2/81-82).

4.3 It was noted in section 1.3 that if a non-sequitur marker, [...], were needed to signal the loss of the following folio, it should appear on a *separate* line *after* a catchword if one were present on that folio side (e.g., 2/82-83).

4.4 In incunabula the catchword mnemonic serves to enclose the bookbinder's signature mark, i.e., the number or letter which appears at the foot of the page signaling the proper sequence for the binding of the quires (e.g., 8/15).

5. Remark Fields and {RMK:} Mnemonic

5.1 It was previously noted that *all* brace-bounded mnemonics contained an optional remark field which provided a location for *brief* editorial comment on the particular physical or textual feature reflected by that mnemonic. This field is opened after a colon and a space following the last letter of the mnemonic, and a period must be placed at the end of the remark to close it. Since the punctuation informs the computer of the boundaries of the remark field, *no other period or colon may appear within it.*

{=DIAG: unfinished.} (42/5 & 17)
{SYMB: transliterated Hebrew characters. amigo de la...} (34/3)

5.2 A distinct brace-bounded {RMK:} mnemonic may also be used to register a *brief* editorial comment on a physical or textual feature in cases where the use of the remark field of some *other* mnemonic would not be appropriate. The letters {RMK:} must *always* be followed by a colon, *never* by a period, since this mnemonic always contains an editorial comment. A period *must* appear at the close of the editorial comment. *No period or colon may appear within the comment*:

{RMK: editorial comment.}

5.3 Remark fields and the {RMK:} mnemonic should be employed *only* when absolutely necessary; editorial comment should be kept *very* brief. The mnemonic containing the editorial comment should *never* be separated from the manuscript feature to which it refers; the comment itself should appear as "run-on" text, and a {RMK:} mnemonic should *never* appear on a line by itself.

{IN2.} La figura de Mars segund el sabio picatriz es\`
esta. {SYMB.} {IN2: same initial O begins Otra in next line also.} Otra figura de Mars segund
plines. {SYMB.} {IN2.} Otra figura segund el dicho (32/27)

B. Examples

Estas son las figuras que suben en los grados del signo de escorpion.

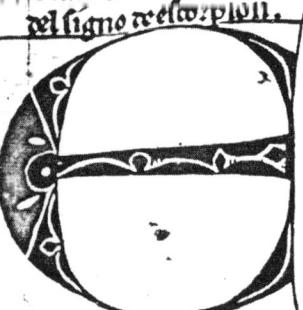

En el primero grado del signo de scorpion sube omne con una lança. El qui nasciere en el sera ardit e mucho atreuudo.

En el segundo grado sube un omne sobre en ffant. El qui nasciere en el sera Rey de grand poder.

En el tercero grado sube omne que anda sobre su uientre. El qui nasciere en el sera lazrado e de muchos trabaios.

En el quarto grado sube omne baço. El qui nasciere en el sera lazrado e mintroso.

En el quinto grado sube asno con baldo. El qui nasciere en el sera manso e grand soffridor.

En el sesto grado sube un mulo con siella. El qui nasciere en el sera caminero que non quedara en ningun lugar.

En el septimo grado sube omne lo   grande con culuebras. El qui nasciere en el uencra sus enemigos siempre.

En el .viij. grado sube una gallina negra. El qui nasciere en el sera loco e de duro entendimiento

En el .ix. grado sube moço con agua. El qui nasciere en el sera sotilmoso e de gruesso entendimiento

En el .x. grado sube una cabeça. El qui nasciere en el sera sin recabdo en su conseio e de muchas pala   bras.

En el .xi. grado sube omne con escorpion. El qui nasciere en el sera atreuudo e mucho ardido.

En el .xij. grado sube una mugier tendida. El que nasciere en el

En el .xiij. grado sube omne con una culuebra negra. El qui nasciere en el sera mintroso e grand dezidor de mal de las yentes.

En el .xiiij. grado sube un algib fondo. El qui nasciere en el sera omne que fara pro bien e pro pro uecho assi mismo.

En el .xv. grado sube una fuent corriente. El que nasciere en el sera franco largo e de grand auer.

En el .xvi. grado sube pan pora almosna. El que nasciere en el sera companero uerdadero e de apuesta uida.

En el .xvij. grado sube un algib. El qui nasciere en el sera companero de los Reyes.

En el .xviij. grado sube un omne tendido. El que nasciere en el sera

En el .xix. grado sube un can. El qui nasciere en el sera loco sobervioso e desauenturado.

En el .xx. grado sube omne cauallero en camello. El qui nasciere en el sera Rey endereçado en sus conseios e de noble coraçon e bien recebido.

En el .xxi. grado sube un cauallo. El qui nasciere en el sera malo e grand contendedor.

En el .xxij. grado sube una oueia derecha. El qui nasciere en el sera pastor lazrado.

En el .xxiij. grado suben rios pequennos. El qui nasciere en el aura mucho bien e grand auer.

En el .xxiiij. grado sube mugier con uerga de oro. El qui nasciere en el sera abondado e amador de to   do bien.

En el .xxv. grado sube un adib. El qui nasciere en el sera omne que se pagara mucho de su conseio e non lo querra recebir de otro

En el .xxvi. grado sube omne robado. El qui nasciere en el sera loco feminino e desuergonçado.

En el .xxvij. grado sube omne que demanda otro omne. El qui nasciere en el alcançara todas las cosas que quisiere.

En el .xxviij. grado sube omne gruesso e feo. El qui nasciere en el sera fazedor de todo mal e non pensara en lo que fiziere.

En el .xxix. grado sube omne que tiene un arco. El qui nasciere en el sera triste e de cuedado mucho.

En el .xxx. grado sube una serpiente. El qui nasciere en el sera caminero e lazrado e aura muchos menesteres.

Plate 1 (transcription)

[fol. 7r]
{CB2.
{RUB. Estas son las figuras que suben en los grados
del signo de escorpion.}
{IN9.} EN el primero grado del
signo de scorpion sube
omne con una lanc'a.
El qui nasciere en el sera
ardit & mucho atreuudo
{IN1.} Enel segundo grado
sube un omne sobre orj-
ffant. El qui nasciere en
el sera Rey de grand poder.
{IN1.} Enel tercero grado sube omne que anda sobre su
uientre. El qui nasciere enel sera lazrado & de muchos trabaios.
{IN1.} Enel quarto grado sube omne bac'o. El qui naci-
ere enel sera lazrado & mintroso.
{IN1.} Enel quinto grado sube asno con basto. El qui
nasciere enel sera manso & grand soffridor.
{IN1.} Enel sesto g<r>a`(^??)[^do] (^???) [^sube un mulo co<n> siella. El q<u>i` nascier]
en el sera caminero que non quedara en ningun
{IN1.} En el septimo grado sube omne io-gando. [%2] lugar.
con culuebras. El qui nasciere enel uenzra
sus enemigos siempre.
{IN1.} E(e)nel .viij. grado sube una gallina negra. El
qui nasciere enel sera loco. & de duro entendimie<n>to
{IN1.} Enel .ix. grado sube moc'o con agua. El qui naci-
ere enel sera soberuioso & de gruesso entendimie<n>to
{IN1.} Enel .x. grado sube una cabec'a. El qui nasciere en
el sera sin recabdo en su conseio & de muchas pala-bras.
{IN1.} Enel .xi. grado sube omne con escorpion [%2]
El qui nasciere en el sera atreuudo & mucho ardido.
{IN1.} Enel .xij. grado sube una mugier tendida. El q<u>i`
nasciere enel {BLNK.}
{IN1.} Enel .xiij. grado sube omne con una culuebra
negra. El qui nasciere enel sera mintroso & grand
dezidor de mal delas yentes.
{IN1.} Enel .xiiij. grado sube un algib fondo. El qui nasciere enel sera omne que fara poco bien & poco prouecho assi mismo.
{IN1.} Enel .xv. grado sube una fuent corriente. El q<u>i`
nasciere en el sera franco largo & de grand auer.
{IN1.} Enel .xvi. grado sube pan pora almosna. El q<u>i`
nasciere en el sera compannero uerdadero & de
apuesta uida.
{IN1.} Enel .xvij. grado sube un al(g)[d]ib. El qui nascie-re}

{CB2.

enel sera compannero delos Reyes.

{IN1.} Enel .xviij. grado sube un omne tendido. El q<u>i` nasciere en el sera {BLNK.}

{IN1.} Enel .xix. grado sube un can. El qui nasciere en el sera loco soberuioso. & desauenturado.

{IN1.} Enel .xx. grado sube omne cauallero en camel-lo. El qui nasciere enel sera Rey enderenc'ado en sus conscios & dc noblc corac'on & bien recebido.

{IN1.} Enel .xxi. grado sube un cauallo. El qui nasciere enel sera malo & grand contendedor.

{IN1.} Enel .xxij. grado sube una oueia derecha. El quj nasciere enel sera pastor lazrado.

{IN1.} Enel .xxiij. grado suben rios pequennos. El qui nasciere enel aura mucho bien & grand auer.

{IN1.} Enel .xxiiij. grado sube muger con uerga doro el qui nasciere enel sera abondado & amador de to-do

{IN1.} Enel .xxv. grado sube un adib. El %2 bien. qui nasciere en el sera omne que se pagara mu-cho de su conseio & non lo querra recebir de otro

{IN1.} Enel .xxvi. grado sube omne robado. El qui na-ciere enel sera loco feminino & desuergonc'ado.

{IN1.} Enel .xxvij. grado sube omne que demanda otro omne. El qui nasciere enel alcanc'ara tod-as las cosas que quisiere.

{IN1.} Enel .xxviij. grado sube omne gruesso & ffeo El qui nasciere enel sera fazedor de todo mal. & non penssara enlo que fiziere.

{IN1.} Enel .xxix. grado sube omne que tiene un da-rdo. El qui nasciere enel sera triste & de cuedado much<o>.

{IN1.} Enel .xxx. grado sube una sirpiente. El qui na-ciere en el sera caminero & lazrado. & aura muc-hos menesteres.}

amatalo en ymagen & con esto se desfara todo.

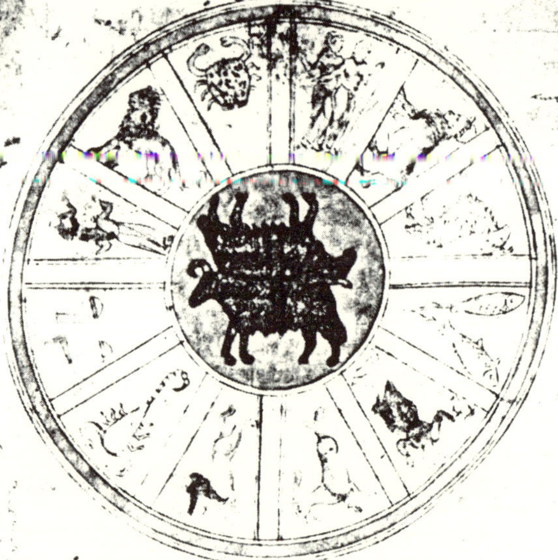

La ymagenes de tauro.

Diremos lo que a en el capitulo segundo que es la figura de tauro. Dixo aristotil. tauro es signo de tierra & su natura es fria & seca. & es signo fixo & conuiene le de las cosas minerales las de la natura: que semeian ala natura de tauro assi commo el fierro & su semeiante. Et quando quisieres fazer ymagenes pora affirmar estado o de alguna uilla o de algun logar. faz ymagen de fierro: a fierro: a figura de tauro & que sea toda uuelta a dera en el uientre un forado: de guisa quel puedas meter coraçon. & cata que sea uenus en el signo de piscis quando fizieres esta ymagen. & guarda te mucho que non sea uenus en el signo de uirgo. quando esto fizieres. ca non es conuenible. Et faras en este cuerpo cada dia un poco en la hora del sol. & quando salier la hora: dexa lo fata que uenga otra uez la hora del sol. Et quando acabares de fazer el cuerpo faz la cabeça & las manos & los pies. todo de fierro. Et quando ouieres acabada toda esta obra poner las manos: & depues la cabeça. Et quando fuere todo esto acabado faras otra ymagen de fierro mayor que la primera. & quando la ouieres acabada. priega las manos & los pies dela ymagen sobre la otra con priegos de fierro. & affirma los bien de guisa que non se mueua. Et quando fuere todo acabado esto: mete la ymagen en el fuego fata que se pare bien uermeia. & matala en agua dulçe que non sea corriente & a guisa que se acabe tu obra en ueynte cinco dias. ca si passa desta cuenta: non acabaras nada. Et si uieres que non la podras acabar en tantos dias: obra en ella dos signos dannaren tu obra. por que son caemientos destas dos planetas. Et quando acabares esta obra sin dentro ninguno. soterraras la ymagen en la hora del sol. o en la hora de uenus en medio del mercado dela uilla. et affirmar san los omnes daquella uilla. en sus estados: & fincaran firmes mientre fuere aquella ymagen firme. Et si entraren en la uilla algunos de sus enemigos aborreçer la an. & non auran sabor en ella. Et saldran ayna que non querran morar en ella.

Et si quisieres desfazer esto & dannar los: saca la ymagen de su logar & despriega la & departe las ymagenes una dotra: et ayuntalas con piedra suffre de guisa que se cubran & ponlas en la fragua dellos ferreros & suena bien los fuelles sobrellas fata que se calienten bien. et amatalas en el ymagen. Depues cubre las otra uez de piedra suffre. & mete las en el fuego fata que se calienten bien. otrossi & amatalas en el ymagen. & ue assi faziendo. fata que se desfaga el fierro daquellas ymagenes. Et si lo fizieres alguna cumple mas meior es que lo fagas a ambas. Otra manera de fazer ymagen pora meter amor entre los toros & las uaccas.

Quando esto quisieres: faras ymagen de toro dessa guisa misma que diremos en el capitulo ante que este. & en aquellas horas mismas. Et pornas en esta ymagen demas que tenga su uerga sacada fuera. Depues faras figura de uacca dessa guisa misma. & en essas horas. & faz le que tenga la natura abierta. & pon el toro sobrella. de guisa que tenga la uerga el toro en la natura dela uacca. Et priega las manos del toro en las espaldas dela ua

ca & priega

Plate 2 (transcription)

[fol. 26v]
{CB2.
amatalo en uinagre & con esto se desfara todo.
{=DIAG.}
{RUB. Las` ymagenes de tauro.}
{IN4.} Diremos loque a enel capitulo segundo que es la figura de tauro.
Dixo aristotil. tauro es signo de
tierra & su natura es fria & seca. &
es signo fixo & conuiene le delas cosas minerales las dela natura; que semeian ala natura
de tauro assi cuemo el fierro & su semeiante. Et
quan(^t)[^d]o quisieres fazer ymagen(^es) pora affirmar estado o de alguna uilla o de algun logar. faz ymagen de fierro; a fierro; a figura de
tauro & que sea toda uuelta. & dexa enel uientre
un forado; de guisa quel puedas meter corac'o<n>.
& cata que sea uenus enel signo de piscis quando fizieres esta ymagen. & guarda te mucho que
non sea uenus enel signo de uirgo. quando esto
fizieres. ca non es conuenible. % Et faras en
este cuerpo cada dia un poco enla hora del sol.
& quando salier la hora; dexalo fata que uenga otra uez la hora del sol. Et quando acabares`
de fazer el cuerpo faz la cabec'a & las manos & los
pies. todo de fierro. Et quando ouieres acabada
toda esta obra poner las manos [^& de pues los pies`]. & depues la ca-
bec'a. % Et quando fuere todo esto acabado fa-
ras otra ymagen de fierro mayor quela primera. & quando la ouieres acabada. priega las ma-nos}
{CB2.
& los pies dela ymagen sobre la otra con
priegos de fierro. & affirmalos bien de guisa que`
non se mueua. Et quando fuere todo acabado
esto; mete la ymagen enel fuego fata ques pare bien uermei(^o)[^a]. & [^a]matala en agua dulc'e que
non sea corriente & aguisa que se acabe tu obra
en ueynte cinco dias. ca si passa desta cuenta;
non acabaras nada. Et si uieres que non la po-
dras acabar en tantos dias; obra en ella dos [^horas del dia enla
hora del sol & enla
hora de uen<us>. Et
g<u>a`rda te mucho q<ue>
no<n> sea el sol en libra
ni<n> uen<us> en ui`<r>go ca
estos dos.] si-
(si)gnos dannarien tu obra. por que son caemi-

ento destas dos planetas. % Et quando acab- ares esta obra sin yerro ninguno. soterraras la ymagen enla hora del sol. o enla hora de uenus en medio del mercado dela uilla. et affirmar san los omnes daquella uilla. en sus estados & fincaran firmes mientre fuere aquella ymagen firme. Et si entraren enla uilla algunos desus enemigos aborrecer laan. & non auran sabor enella. Et saldran [^dend] ayna que non querran morar enella.

{IN2.} Et si quisieres desfazer esto & dannar lo; saca la ymagen desu logar & despriegala & departe las ymagenes una dotra; et ayuntalas` con piedra suffre de guisa que se cubran & ponl- las enla fragra dellos ferreros & suena bien los fuelles sobrellas fata ques calientem bien et amata las enel uinagre. Depues cubre las ot< r >a` uez de piedra sufre. & mete las enel fuego fata ques calienten bien otrossi & amatalas enel ui- nagre. & ue assi faziendo. fata ques desfaga el fierro daquellas ymagenes. Et silo fizieres al una cumple mas meior es quelo fagas a am[a]- ssados. {RUB. Otra manera de fazer ymagen pora meter amor entre los toros & las uaccas.}

{IN2.} Quando esto quisieres; faras ymagen de toro dessa guisa misma que dixiemos enel capitulo ante que este. & en aquellas hor- as mismas. Et pornas en esta ymagen demas que tenga su uerga sacada fuera. Depues far- as figura de uacca desa guisa misma. & eness- as horas. & fazle que tenga la natura abierta. & pon el toro sobrella. de guisa que tenga la uerga el toro enla natura dela uacca. Et prie- ga las manos del toro enlas espaldas dela ua-[ca.]}

{CW. ca. & priega}

[...]

Plate 3

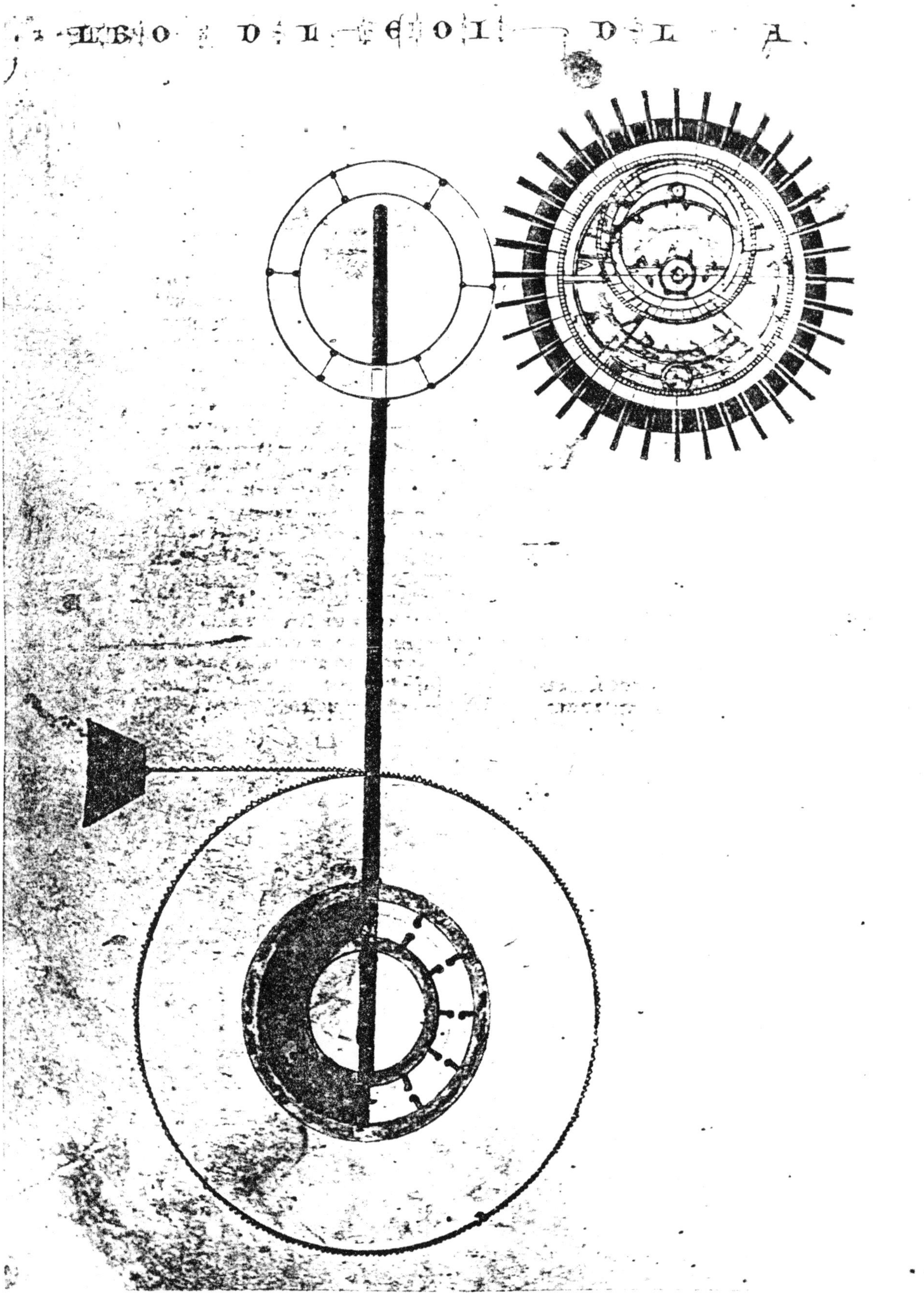

Plate 3 (transcription)

[fol. 188v]
{HD. LIBRO DEL RELOGIO DEL AR-GENT +}
{CB1.
{=DIAG.}}

Plate 4

Caplo. vj. de cuemo deuen armar este relogio. et de cuemo deuen obrar con ell.

Mostrado te auemos enestos cinco capitulos sobredichos de cuemo deuen seer las ruedas deste estrumente; [illegible] una en otra. et de cuemo deue entrar el cabo de la pierrega en la lamina dell astrolabio. et en la red. et de cuemo se mueue la red por el mouimiento de la pierrega. Et agora quiero te mostrar eneste caplo seseno de cuemo deues parar la lamina. et de cuemo deues obrar con este relogio. Et quando esto quisieres fazer. faz una pared de tablas. et pon en aquella pared. todas las ruedas sobredichas armadas assi cuemo te ya dixe. et priega la lamina dell astrolabio en la faz de la pared de las tablas. et saca el cabo de la pierrega por el forado de la lamina dell astrolabio. et faz una sennal en la red enel cerco de los signos enel grado. do es el sol aquel dia. et suelta el relogio quando nasciere el sol. et pon el grado del sol sobrel orizon. et aprieta la pierrega con la red. et leras el relogio correr. et mouersa la red sobre la lamina del astrolabio poco a poco todol dia. et la sennal que feziste enel grado del sol. te mostrara que tanta es la alteza en qual hora quier del dia. Et el grado que cayere sobrell orizon aquel sera ell ascendente a aquella hora. et assi sabras lo que es en medio del cielo. et en occidente. et la alteza de cada una de las estrellas fixas. Et ell opposito te mostrara las horas temporales passadas del dia. et el grado del sol de noche. et conoceras enel quanto puede ell hombre saber dell astrolabio sin mouer la red. Aqui se acaba el libro del relogio dell argent uiuo.

Este es el prologo del libro del relogio de la candela.

[illegible] manera fallamos que dela de relogio que es muy buena. et muy conuenible pora poner eneste libro. et dizen a este estrumente. el relogio de la candela. et pueden saber por el las horas passadas del dia. o de la noche. et ell ascendente. et el medio cielo. Et ardiendo la candela desde la prima noche fasta la mannana. et de parescer della siempre fuera de la forma cosa sennalada. ni mas. ni menos. Et por que entendiemos que era cosa apuesta et con prouecho mandamos a Samuel el leui de Toledo nuestro iudio que fiziesse este libro en que fabla de cuemo se deue fazer este relogio. et de cuemo deuen obrar con el. Et a enel. xiiij. caplos. Et estas son las rubricas.

Caplo primero. de cuemo se deue [illegible] dell es fazer la forma en que deue seer la candela.

Caplo. ij. de cuemo se deue fazer la cabeça des la forma.

Caplo. iij. de cuemo se deue fazer la caxa quadrada en que a de entrar la tabla de los signos.

Caplo. iiij. de cuemo se deue fazer el fondon sobre que assienta la forma. et la caxa quadrada de los signos. et de cuemo se deue fazer otra tabla que lo tenga todo en la parte de suso.

Caplo. v. de cuemo se deuen fazer los sortijas con que se gouernare bien cierto la candela.

Caplo. vj. de cuemo se deue fazer la candela de la cera.

Caplo. vij. de cuemo se deue fazer el fondon de laton en que assiente la candela.

Caplo. viij. de cuemo se deuen fazer los pesos que deuen seer enesta forma.

Caplo. viiij. de cuemo se deuen atar los pesos con el fondon del laton que tiene la candela.

Caplo. x. de cuemo se deuen fazer los dos clauos que deuen tener la candela en un estado.

Caplo. xj. de cuemo se deue fazer la tabla de los signos dela hora que mas arde.

Caplo. xij. de cuemo deuen armar la candela. et cuemo deuen poner la tabla de los signos.

Caplo. xiij. de cuemo deuen partir la tabla de los signos. et figurar la.

Caplo. xiiij. de saber las horas yguales que son passadas de la noche. et ell ascendente. et el medio cielo por esta hora.

Plate 4 (transcription)

[fol. 189r]
{HD1. VIVO}
{HD2. L<IBRO> DEL RELOGIO DE LA CANDELA}
{CB2.
{RUB. Cap<ito>lo .vjo`. De cuemo deuen armar este relogio.
et de cuemo deuen obrar con ell.}
{IN3.} Mostrado te auemos enestos cinco capitulos sobredichos de cuemo deuen
seer las ruedas deste estrumente
trauadas una en otra. & de cuemo deue entrar el cabo de la piertega en la lamina dell
astrolabio. & en la red. & de cuemo se mueue
la red por el mouimiento de la piertega. % Et
agora quiero te mostrar eneste cap<ito>lo seseno
de cuemo deues parar la lamina; & de cuemo
deues obrar con este relogio. % Et quando esto
quisieres fazer; faz una pared de tablas. & pon
tras aq<ue>lla pared; todas las ruedas sobredichas
armadas assi cuemo te ya dixe. & priega la lamina dell astrolabio en la faz de la pared de las
tablas. & saca el cabo de la piertega por el forado de la lamina dell astrolabio. & faz una sennal en la red enel cerco de los signos enel g<r>a`-
do do es el Sol aq<ue>l dia. & suelta el relogio quando nasciere el Sol. & pon el grado del Sol sobrel
orizon. & aprieta la piertega con la red. & lexa
el relogio correr. & mouersa la red sobre la lamina del astrolabio poc a poco todol dia. & la sennal
q<ue> feziste enel grado del Sol; te mostrara q<ue> tanta es la altura en qual hora quier del dia. Et
el grado q<ue> cayere sobrell orizon aq<ue>ll sera ell ascendente a aq<ue>lla hora. & assi sabras lo q<ue> es en me-
diol cielo. & en occidente. & la altura de cada una
de las estrellas fixas. Et ell opposito te mostrara las horas temporales passadas del dia; & el
grado del Sol de noche. & connoc'ras enel quanto
puede ell hombre saber dell astrolabio sin mouer la red. {RUB. Aqui se acaba el libro del relogio dell
argent uiuo.} {ILL.}}
{CB2.
{RUB. Este es el prologo del libro del relogio de la can-dela. +}
{IN7.} OTra manera fallamos %2 {RUB.}
de relogio q<ue> es muy buena. et
muy conuenible pora poner
eneste libro. & dizen a este estrumente; el relogio de la ca<n>-
dela. & pueden saber por el las

horas passadas del dia. o de la
noche; & ell ascendente. & el medio cielo. Et ardiendo la candela desde la prima noche hata la
mannana; a de parescer della siempre fuera de
la forma cosa se< n > nalada; ni mas; ni menos. Et
por q< ue> entendiemos q< ue> era cosa apuesta & con pro.
Mandamos a samuel el leui de Toledo n< uest> ro iudj-
o q< ue> fiziesse este libro en q< ue> fabla de cuemo se deue
fazer este relogio. & de cuemo deuen obrar con el.
Et a enel .xiiij. cap< ito> los. Et estas son las rubricas`
{IN1.} Cap< ito> lo primero. de cuemo se deue %2 dellos
fazer la forma en q< ue> deue seer la candela.
{IN1.} Cap< ito> lo .ijo`. de cuemo se deue fazer la cabec'a des-ta
{IN1.} Cap< ito> lo .iijo`. de cuemo se deue faz< er> %2 forma.
la casa quadrada en q< ue> a de entrar la tabla de los
{IN1.} Cap< ito> lo .iiijo`. De cuemo se deue fazer el %2 signos.
fondon sobre q< ue> s assienta la forma. & la casa qua-
drada de los signos. & de cuemo se deue fazer o-
tra tabla q< ue> lo tenga todo en la parte de suso.
{IN1.} Cap< ito> lo .vo`. de cuemo se deuen fazer las sortijas
con q< ue> se redondee bien cierto la candela.
{IN1.} Cap< ito> lo .vjo`. de cuemo se deue fazer la candela de
{IN1.} Cap< ito> lo .vij[o`]. de cuemo se deue fazer %2 la cera.
el (^el) fondon de laton en q< ue> s assiente la candela.
{IN1.} Cap< ito> lo .viij[o`]. de cuemo se deuen fazer los pesos q< ue>
deuen seer en esta forma.
{IN1.} Cap< ito> lo .viiijo`. de cuemo se deuen atar los pesos
con el fondon del laton q< ue> lieua la candela.
{IN1.} Cap< ito> lo .xo`. de cuemo se deuen fazer los dos clauos
q< ue> deuen tener la candela en un estado.
{IN1.} Cap< ito> lo .xjo`. de cuemo se deue fazer la tabla de los
{IN1.} Cap< ito> lo .xij[o`]. de cuemo deuen armar la ca< n> -dela %2 signos.
pora quemar. & cuemo deuen poner la tabla
{IN1.} Cap< ito> lo .xiij[o`]. de cuemo deuen par-tir %2 de los signos.
la tabla de los signos. & figurar la.
{IN1.} Cap< ito> lo .xiiijo`. de saber las horas yguales q< ue> son
passadas de la noche. & ell ascendente. & el medio
cielo por essa hora. {ILL.}}

Plate 5

Aqui se compieça el prologo del libro del relogio dell argent uiuo.

Del relogio dell agua auemos ya fablado de cuemo se faze ⁊ de cuemo obran con ell. Agora queremos mostrar de cuemo deuen fazer el relogio dell argent uiuo. ⁊ de cuemo deuen obrar con ell. Poren nos Rey don Alfonsso el sobredicho mandamos al dicho rabiçag que fiziesse un libro de cuemo se puede fazer este relogio por la arte del libro que fizo yrian el philosopho en que fabla de cuemo se pueden alçar las cosas pesadas. ⁊ mandamos ge lo fazer desta manera. Que muestre en el cuemo puedan fazer una rueda que se mueua por sisse en un dia ⁊ una noche. una buelta complida. ni mas ni menos. assi cuemo faze el noueno cielo. el que faze el dia ⁊ la noche. ⁊ que se mueua por el mouemiento desta rueda. una red de astrolabio sobre lamina que sea señalada a qual logar quier. de guisa que sea toda aquella red armada. segund es el cielo. a todas las horas del dia ⁊ de la noche. ⁊ que paresca y que es ell ascendente. ⁊ todas las .xij. cosas. ⁊ la altura del sol. ⁊ de qual estrella quier. ⁊ las horas passadas. ⁊ todo esto a qual hora quier del dia. o de la noche. a menos que aya ell hombre a tomar altura del sol de dia. o de estrella de noche. ni de tañer esta red con la mano. mas que ella se mueua por ssi. Et esto mismo podremos fazer con espera si quisieremos. Et que aya en este relogio demas. campanellas pequenas que se tangan por ssi en quales horas hombre quisier de dia. o de noche. Et en este libro a .vj. capitulos. ⁊ en los cinco fablaua de cuemo deuen fazer de nueuo este estrumente. Et en el seseno de cuemo deuen obrar con el. Et estas son las rubricas de cadauno de los capitulos.

Capitulo .j. de cuemo se deue fazer el cerco dell argent.

Capitulo .ij. de cuemo se deue partir esta canal. ⁊ en quantas partes.

Capitulo .iij. de cuemo se deue componer el cerco de la madre en el cerco moued...

Capitulo .iiij. de cuemo se deue mouer la red en el astrolabio sobre la lamina que es fecha a qual latitud quier. una buelta en un dia ⁊ una noche.

Capitulo .v. de cuemo se deue fazer la rueda con que an de tañer las campanellas a la hora que

Capitulo .vj. de cuemo el hombre quisier. deuen armar este relogio. ⁊ de cuemo deuen obrar con el.

Capitulo .j. de cuemo se deue fazer el cerco dell argent uiuo.

Si esto quisieres fazer. toma una tabla fuerte. assi cuemo de nogal. o de açofeifo. ⁊ faz della tablas delgadas. ⁊ allanalas bien por tal que corra bien llano ell argent uiuo en la rueda. ⁊ faz quatro braços de qual longura quisieres. ⁊ faz los anchos de guisa que siga la anchura a la longura. ⁊ faz aberturas quadradas en los cabos de cada uno dellos. ⁊ despues ayunta los dos a dos. ⁊ sera espacio entrell un braço ⁊ ell otro. tanto cuemo quatro dedos. ⁊ abre en cada dos dellos aberturas fechas a manera de cruz. assi cuemo es fecha la noria con que suben ell agua. ⁊ pon entrell un braço ⁊ ell otro senos braços. ⁊ priega la con priegos de guisa que sea bien fuerte. ⁊ pon da aquellas tablas delgadas que feziste entre cada uno de los braços fata que sea toda complida. ⁊ uerna en figura de canal fecha a manera de cerco. ⁊ sea esta canal bien fuerte. ⁊ las tablas de que fizieres esta canal. seyan bien yuntas una con otra de guisa que no pueda salir ell argent uiuo quando andar de dentro. ⁊ suelda la con cera ⁊ con resina assi cuemo sueldan las naues.

Plate 5 (**transcription**)

[fol. 185r]
{HD. L<IBRO> DEL RELOGIO DEL ARGENT VIVO}
{CB2.
{RUB. Aqui se compiec'a el prologo del libro
del relogio dell argent uiuo.}
{IN8.} DEl relogio dell agua auemos ya fablado de cuemo
se faze. & de cuemo obran
con ell. Agora q<ue>remos mos`-
trar de cuemo deuen faz<er>
el relogio dell argent uiuo. & de cuemo deuen obrar
con ell. Poren nos Rey
don Alfonsso el sobredicho mandamos al dicho rabic'ag q<ue> fiziesse un libro de cuemo se puede fazer este relogio por la arte del libro q<ue> fizo
yran el philosopho en q<ue> fabla de cuemo se pueden alc'ar las cosas pesadas. & mandamos ge
lo fazer desta manera. Que muestre enel cuemo puedan fazer una rueda q<ue> se mueua por
sisse en un dia. & una noche; una buelta complida; ni mas ni menos. assi cuemo faze el noueno cielo. el q<ue> faze el dia. & la noche. & q<ue> se mueua por el mouiemiento desta rueda; una red
de astrolabio sobre lamina q<ue> sea se<n>nalada a
qual logar quier. de guisa q<ue> sea toda uia aq<ue>lla
red armada. segund es el cielo. a todas las horas`
del dia. & de la noche. & q<ue> paresca y; q<ue> es ell ascendente. & todas las .xij. cosas. & la altura del Sol. &
de qual estrella quier. & las horas passadas. &
tod esto a qual hora quier del dia. o de la noch<e>.
a menos q<ue> aya ell hombre a tomar altura del
Sol de dia. o de estrella de noche. ni de ta<n>ner esta
red con la mano; mas q<ue> ella se mueua por ssi. Et
esto mismo podremos fazer con espera si quisieremos. Et q<ue> aya eneste relogio demas; campaniellas peq<ue>nas q<ue> se tangan por ssi en quales horas hombre quisier de dia. o de noche. Et en este
libro a .vj. capitulos. & en los cinco fablaua de cuemo deuen fazer de nueuo este estrumente. Et
enel seseno de cuemo deuen obrar con el. Et estas son las rubricas de cadauno de los cap<ito>los.
{IN1.} Cap<ito>lo .jo`. de cuemo se deue faz<er> el cerco dell arge<n>t
{IN1.} Cap<ito>lo .ijo`. de cuemo se deue partir esta %2 uiuo.
canal. & en quantas partes.
{IN1.} Cap<ito>lo .iijo`. de cuemo se deue componer el cerco
de la madre enel cerco mouedor.

{IN1.} Cap< ito> lo .iiijo`. de cuemo se deue mouer la red enel
astrolabio sobre la lamina q< ue> es fecha aqual ladeza quier. una buelta en un dia. & una noche.}
{CB2.
{IN1.} Cap< ito> lo .vo`. de cuemo se deue fazer la rueda con
q< ue> an de tanner las campaniellas ala hora q< ue>
{IN1.} Cap< ito> lo .vjo`. de cuemo %2 el huembre quisier.
deuen armar este relogio. & de cuemo deue obr-
(br)ar con el. {RUB. Cap< ito> lo .jo`. de cuemo se deue fazer el +}
%2 {RUB. cerco dell argent ui-uo +}
{IN8.} Sj esto quisieres fa-zer. %2 {RUB.}
toma una tabla fu-
erte. assi cuemo de nogal.
o de ac'ofeyfe. & faz della
tablas delgadas. & allana`
las bien por tal q< ue> corra
bien llano el argent ui-
uo en la rueda. & faz quatro brac'os de qual lo< n> -
gura quisieres. & faz los anchos de guisa q< ue> siga la
anchura ala longura. & faz aberturas quadradas en los cabos de cada uno dellos. & despues
ayunta los dos a dos. & lexa espacio entrell un
brac'o. & ell otro. tanto cuemo quatro dedos. & a-
bre en cada dos dellos aberturas fechas a manera de cruz. assi cuemo es fecha la nnora co< n>
q< ue> suben ell agua. & pon entrell un brac'o. & ell ot< r> o`
se< n> nos brac'os. & priega la con priegos de guisa q< ue>
sea bien fuerte. & pon daq< ue> llas tablas delgadas
q< ue> feziste entre cada uno de los brac'os fata q< ue> sea
toda complida. & uerna en figura de canal fe-
cha a manera de cerco. & sea esta canal bien fuerte. & las tablas de q< ue> fizieres esta canal; seyan bie< n>
yuntas una con otra de guisa q< ue> no< n> pueda sallir
ell argent uiuo quando andar de dentro. & suelda
la con cera & con resina assi cuemo sueldan las
naues.}

Aqui se comiença el Noueno
libro dela general estoria:-

L

Este noueno libro fabla
de como entro jacob
a Egipto cō todos sus fi
jos ⁊ sus cōpañas. ⁊ cō to
das sus cosas a veer a jo
sep su fijo. ⁊ assi metō
fijos de josep q̄ fueron
fechos alla ⁊ eran y cō el. Et otrossi de
como fue jacob veer al Rey pharaon ⁊ como
ql Recibio bien esse pharaon ⁊ le pregunto de
su edad. ⁊ diol por heredad a jersen ⁊ a Ra
messe. ⁊ finco y jacob de morada cō los
suyos. Et de como oscuresçieron los oios
a jacob pues q̄ envegesçio. Et bendixo a
amos los fijos de josep las manos tras
mudadas. ⁊ los bendixo despues nom
brando a cada uno por su nombre. Et
delas prophecias de jacob assus fijos. Et dela
muerte de jacob. ⁊ como l leuaron sus fijos
q̄l soterraron en ebron. Et dela muerte
de josep ⁊ de su sepultura. Et delos otros
fijos de jacob como fue dellos en la vida
de josep ⁊ despues. Et delos pharao
nes q̄ regnaron en Egipto fasta aq̄lla sa
zon. Et delos otros Reyes gentiles q̄
regnaron en esse tiempo por los otros reg
nos dela tierra. Et delos otros fechos otro
ssi q̄ contesçieron estonces por las otras tier
ras entre los gentiles como oyredes aqui.

De como se yua jacob pora egipto. ⁊ deman
do daq̄lla carrera a dios ⁊ el mandol yr:-

I

Maguer q̄ jacob era muy flaco
et envejesçiera ante de tiempo
por el grand dolor q̄ ouo por su
fijo josep q̄ tenie q̄l auie p
dido segund cuenta josepho.
Et otrossi por Rachel su muger. ⁊ madre de
josep. q̄ el amaua tanto. ⁊ se le moriera en
el camino como es ya contado. Pero por
todo esso nō se tardo de guisar se quanto mas
ayna pudo pora yr a Egipto a veer su fi
jo. pues q̄ aq̄llas nueuas tan buenas sopo.
Et tomo a todos sus fijos. ⁊ a los otros fijos
de sus cōpañas cō quanto auie. ⁊ començo a yr.
Et quando vino contral pozo dela jura de
q̄ auemos ya contado. fizo alli su sacrificio
a dios. Et començo y a dubdar en aq̄lla yda
q̄ fazie. Et ouo miedo q̄ por ventura. por q̄
vieran sus fijos tierra de Egipto Rica ⁊ abon
dada de viandas. q̄ por esso se pagarian ⁊ se
enamorarien della. ⁊ amarian yr a morar
en ella. ⁊ fincar se y de morada. toda via.
Et q̄ despues nos querrien tornar a Canaan.
et q̄ pesarie esto a dios q̄ gela prometiera
por heredad. Et por q̄ menguarie por ventura
por y de complir se lo q̄ el querie q̄ se fizie
sse. ⁊ q̄ serie sañudo dios por ello. Et era
la saña de dios la cosa deste mundo de q̄
se jacob trabaio siempre mas. de desuiar
la dessi. Et diz maestre godoffre q̄ demando
en su sacrificio ⁊ en sus oraciones q̄ fizo al
li a dios. si l mandaua fazer esta carrera.
et pidiol merced q̄l mostrasse lo q̄ querie. Et
segund cuenta josepho. estando el en este
cuedado adormiosse alli. desq̄ vino ya la
noche. ⁊ durmiendo el. aparesçiol dios
en vision. Et llamol. ⁊ dixol. jacob de
recho es q̄ connoscas a dios. q̄ fue siempre
cō aq̄llos dond tu vienes. ⁊ dessi contigo.
et guio a ellos ⁊ a ti otrossi. Ca tu padre.
a esau tu hermano fazie mayor. ⁊ yo fiz a
ti. ⁊ guieste como fuesses tu señero a mese
sopotamia. ⁊ casasses y. ⁊ casaste muy
bien. Et dite muchos fijos ⁊ grandes riq̄
zas. Et guarde a tu fijo josep q̄ tu cuedauas
auer perdudo. ⁊ aduxe le a tan grand on
rra ⁊ a tamaño poder. q̄ toda egipto es o
a su mandar. Et yo so el muy poderoso ⁊ fuer
te dios de tu padre. ⁊ nō ayas miedo de yr
a egipto. Ca alli fare yo salir de ti grand
yent. Et yre cō tigo ⁊ guardar te. ⁊ morras alla.
et y acabaras tu vida deste mundo. Et tus fijos
josep ⁊ sus hermanos. te enterrarán con
abraam ⁊ ysaac tus padres. Et despu
es tornare yo el tu linage a tierra de
Canaan. Et dar gela e por heredad assi como lo
e prometido. Et vete tu carrera pora alla.

De como fue jacob pora egipto ⁊ dela
cuenta dios q̄ fablo con el:-

Plate 6 (transcription)

[fol. 108v]
{HD. GENE-SIS +
L<IBRO> +}
{CB2.
{ILL. {RUB. Aqui se comie<n>c'a el Noueno
libro dela general estoria:}}
{IN7.} Este noueno libro fabla
de como entro Jacob
a Egipto co<n> todos s<us> fi-
ios & s<us> co<m>pan<n>as. & co<n> todas s<us> cosas a ueer a Jo-
sep su fijo. & ass<us> nietos`
fijos de Josep q<ue> fuera<n>
fechos alla & eran y co<n> el. % Et otrossi de
como fue Jacob ueer al Rey Pharao<n> Nic<r>a`o
yl Recibio bien esse Pharao<n> & le p<re>gunto de
su edad. & diol por h<er>edad a Jersen & a Ramesse. & finco y Jacob de morada co<n> los
suyos. % &' de como oscuresciero<n> los` oios
a Jacob pues q<ue> enuegescio. &' bendixo a
amos los fijos de Josep las manos tras-
mudadas. & los bendixo despues nom-
bra<n>do a cada uno por su nombre. % Et
delas p<ro>ph<ec>ias de Jacob ass<us> fijos. % &' d<e>la
muerte de Jacob. & comol leuaro<n> s<us> fijos`
yl soterraro<n> en effron. % &' d<e>la muerte
de Josep & de su sepultura. % &' delos ot<r>o`s
fijos de Jacob como fue dellos en la uida
de Josep & despues. % Et delos Pharao-
nes q<ue> regnaro<n> en Egipto fasta aq<ue>lla sazon. % &' delos otros Reyes gentiles q<ue>
regnaro<n> en esse tiempo por los ot<r>o`s reg-
nos d<e>la tierra. % &' delos ot<r>o`s fechos otro-
ssi q<ue> co<n>tesciero<n> estonces por las ot<r>a`s tier-
ras entre los ge<n>tiles como oyredes aqui.
{RUB. De como se yua Jacob pora egipto. & dema<n>-
do daq<ue>lla carrera a dios & el ma<n>dol yr:}
I {IN5.} Maguer q<ue> Jacob era muy flaco
et enueiesciera ante de tie<m>po
por el gra<n>d dolor q<ue> ouo por su
fijo Josep q<ue> tenie q<ue>l auie p<er>-
dido segu<n>d cuenta Josepho.
&' otrossi por Rachel su muger. & madre de
Josep. q<ue> el amaua ta<n>to. & se le moriera en}
{CB2.
el camino como es ya co<n>tado. Pero por
tod esso no<n> se tardo de g<u>i`sar se qua<n>to mas

ayna pudo pora yr a Egipto a ueer su fi-io. pues q<ue> aq<ue>llas nueuas ta<n> buenas sopo. &' tomo a todos sus fijos. & alos ot<r>o`s fijos de s<us> co<m>pan<n>as co<n> q<u>a`nto auie<n>. & come<n>c'o a yr % &' q<u>a`ndo uino contral pozo dela yura de q<ue> auemos ya co<n>tado. fizo alli su sac<r>i`ficio a dios. &' comenc'o y a cuedar en aq<ue>lla yda q<ue> fazie. &' ouo miedo q<ue> por ue<n>tura. por q<ue> uiera<n> s<us> fijos tierra de Egipto Rica & abo<n>-dada de uiandas. q<ue> por esso se pagara<n> & se enamoraro<n> della. & amaua<n> yr a morar en ella. & fincar se y de morada. toda uia. &' q<ue> despues. nos q<ue>rrie<n> tornar a Canaa<n>. et q<ue> pesarie esto a dios q<ue> gela p<ro>metiera por h<er>edad. &' por q<ue> me<n>guarie por ue<n>tura por y de complir se lo q<ue> el q<ue>rie q<ue> se fizie-sse. & q<ue> serie san<n>udo dios por ello. &' era la san<n>a de dios la cosa deste mundo de q<ue> se Jacob trabaio siemp<re> mas. de desuiar la dessi. % &' diz Maestre godoffre q<ue> dema<n>do en su sacrificio & en s<us> orationes q<ue> fizo al-li a dios. sil mandaua fazer esta carrera. et pidiol m<er>ced q<ue>l mostrasse lo q<ue> q<ue>rie. &' segu<n>d cuenta Josepho. estando el en este cuedado adormios alli. desq<ue> uino ya la noche. & durmiendo el. aparesciol dios` en uision. % Et llamol. & dixol. Jacob. de-recho es q<ue> connoscas a dios. q<ue> fue sie<m>p<re> co<n> aq<ue>llos dond tu uienes. & desi co<n>tigo. et g<u>i`o a ellos & ati otrossi. Ca tu padre. a esau tu h<er>mano fazie mayor. & yo fiz a ti. & guiete como fuesses tu sen<n>ero a Me-sopotamia. & casasses y. & caseste muy bien. &' dite muchos fijos & g<r>a`ndes riq<ue>-zas. &' g<u>a`rdete atu fijo Josep q<ue> tu cueda-uas auer p<er>dudo. & adux le ata<n> gra<n>d on-rra & a taman<n>o poder. q<ue> toda egipto es oy asu ma<n>dar. &' yo so el muy poderoso & fuer-te dios de tu padre. & no<n> ayas miedo de yr a egipto. Ca alli fare yo salir de ti gra<n>d yent. E yre co<n> tigo & g<u>i`ar te. & morras alla. et y acabaras tu uida deste mu<n>do. &' tus fijos` Josep & sus h<er>manos. te enterrara<n> con abraam & ysaac tus padres. % &' despu-es tornare yo el tu linage a tierra de Canaa<n>. &' dar gela e por h<er>edad assi como lo e p<ro>metido. &' uete tu carrera pora alla.

{RUB. De como fue jacob pora egipto & d<e>la cuenta d<e>los q<ue> leuo con el:}}

S I S

I

Qvando iacob espto del sueño.
fue mucho alegre cō aq̄lla ui
sió q̄ uiera 7 fio en dios q̄ u
dad serie. Et otro dia man
nana mando a ssꝰ cōpañas guisar se poral
camino 7 andar. Et tomarō ssꝰ fijos 7 a ssꝰ
mugeres 7 todos los muebles de ssꝰ ca
sas q̄ tenié guisados pora leuar. 7 pusierō
lo todo en los carros q̄ pharaó enuia
ra a iacob en q̄ fuesse. Et salierō dalli da
q̄lla posada q̄ fizierā cerca del pozo dela iu
ra. 7 comēçarō se a yr. 7 fuerō se pora Egipto.
E entrarō alla daq̄lla uez iacob 7 los ōze
sus fijos q̄ eran cō el. 7 sus nietos 7 ssꝰ nie
tos 7 todo su linage daq̄llos q̄ del se leuā
tauā. Et llamarō les los nombres q̄ aq̄
diremos. Al padre dixierō estos dos nō
bres. iacob 7 isrl'. El pˀmero fijo de iacob
fue Ruben. pero q̄ es ya dicho ante desto.
Et este auie estonces estos q̄tro fijos. Enoch.
et phaleth. 7 esrrom. 7 carmi. El segūdo
Symeó. Et este auie estos siete fijos. iemu
el. iamin. 7 aoch. 7 iachin. 7 Sab. 7 Saler. 7
saúl q̄ fue fijo duna Cananea. 7 estos le
uo cō sigo. Leui q̄ fue el tercero. ouo alli
estos tres. iersom. 7 Caath. 7 merari. Et
fuerō alli fijos de Judas q̄ fue el q̄rto fi
jo de iacob. estos tres. Sela. 7 phares. et
zara. Et ouiera iudas a her. 7 a onā. mas
estos dos her. 7 onā. muertos eran ya en
tierra de Cananea como es cōtado. Pha
res fijo de iudas fizo a esrom. 7 a amul.
Ysacar q̄ fue el quinto. ouo estos q̄tro
fijos. tola. 7 phua. 7 iacob. 7 esrom. Za
bulō fue el sexto fijo de iacob. 7 fizo el
estos tres fijos. sared. 7 elon. 7 iaelech. Et
estos seys fijos q̄ diximos. 7 una fija
q̄ ouo nombre dina. fizo iacob en Lia
en Mesopotamia q̄ es en tierra de Siria.
Et su padre iacob. 7 su madre Lia. et
estos seys sus fijos cō ssꝰ fijos dellos. sō
treynta 7 tres ꝑsonas. De zelpha q̄ 7
fue manceba de Lia. fizo iacob estos dos.
gad. 7 asser. Et gad q̄ es el pˀmero des
tos dos fijos de iacob 7 de zelpha. ouo
estos siete fijos. Sephió. aggi. Suni. E
sebō. heri. aerodi. 7 areli. Aser el se
gūdo fijo de zelpha fizo estos q̄tro. iam
ne. iesua. 7 iesule. 7 beria. 7 una fija q̄
ouo nombre Sara. Beria fijo de aser.
ouo estos dos. Eber. melchiel. Et estos

fijos de zelpha con su linage. fuerō xvi.
Rachel otra muger q̄ ouo nombre Rachel
q̄ el amaua mucho. fizo estos dos. iosep
et beniamí. Et iosep el pˀmer fijo de Ra
chel. fizo estos dos en egipto. en asseneth
su muger. Manasses. 7 Effraym. Beniamī
el segundo fijo de Rachel. ouo estos nue
ue. Bela. Bocor. asbel. Gera. Naamā. Gechi.
Roes. Mophim. Ophim. Areth. Et estos fijo
de Rachel cō sus fijos dellos. son catorze.
Bala manceba de Rachel. ouo de iacob
estos dos. Dan 7 Neptalim. Este dan pˀ
mero fijo de iacob 7 de bala fizo a vsim.
Neptalim el segundo fijo de bala ouo
a iasiel. 7 a Guni. 7 a Geser. 7 a Salem. Et
estos de bala fuerō siete. Et todos los del li
nage de iacob q̄ aqui contamos los q̄
entrarō con el en egipto. fuerō lxvi. sin
las mugeres de ssꝰ fijos. Mas manasses
et Effraym q̄ fizo iosep en Egipto. 7 eran
estonces alla. nō entrā en esta cuēta ni
iosep su padre ni aun iacob. Et cōtando
ꝑ las mugeres de ssꝰ fijos. son lxxvi. por
todos. Sobre esta cuenta destas ꝑsonas.
faze maestre pedro en su estoria un depar
timiento. Et esto es q̄ los setēta trasIada
dores. cuētan q̄ lxxv. ꝑsonas entraron
cō iosep a Egipto. 7 q̄ otorga cō ellos lu
chas euangelista. en el libro delos fechos
delos apostolos q̄ conpuso el. Et maestre
hugo q̄ dize ꝑ otrossi lo sinie. Mas te
nemos q̄ este departimiēto nō tiene
mengua. 7 por ende nō dezimos del aq̄
mas. ca nos cumple en dezir lo q̄ en el
texto 7 en la letra [illegible] dela biblia [illegible]
sen sobre q̄ lo an todos. Et desq̄ se fuerō
llegando a tierra de Egipto. enuio iacob
a iudas adelant q̄ lo fiziesse saber a io
sep. como uinie su padre cō toda su cō
panna. 7 q̄ saliesse a ellos a tierra de Ier
sen. De como Reabie ...

Josep
q̄nto sopo como uinie su padre. salio l
a Recebir cō muy grand alegria a essa
tierra de Iersen segūd cuētan unos.
Otros dizē q̄ a tierra de ramesse. Et esto
semeia desacuerdo entre los q̄ fabla
cō desta estoria. Mas dize maestre
pedro por sacar desto esta dubda. q̄ es
tos dos logares Iersen 7 Ramesse. q̄ en
una tierra son. 7 aun q̄ aq̄lla tierra.

I

Plate 7 (transcription)

[fol. 109r]
{HD.
IX}
{CB2.
II {IN4.} Qvando Jacob esp<er>to del suen<n>o.
fue mucho alegre co<n> aq<ue>lla ui-
sio<n> q<ue> uiera. & fio en dios q<ue> u<er>-
dad serie. % Et otro dia man-
nana mando ass<us> co<m>pan<n>as g<u>i`sar se poral
camino & andar. &' tomaro<n> s<us> fijos & ass<us>
mugeres & todos los muebles de s<us> ca-
sas q<ue> tenie<n> g<u>i`sados pora leuar. & pusiero<n>
lo todo en los carros q<ue> Pharao<n> enuia-
ra a Jacob en q<ue> fuesse. &' saliero<n> dalli da-
q<ue>lla posada q<ue> fiziera<n> cercal pozo dela yu-
ra. & come<n>c'aro<n> se a yr. & fuero<n> se pora Egipto.
&' entraro<n> alla daq<ue>lla uez Jacob & los o<n>ze
sus fijos q<ue> eran co<n> el. & sus nietos & s<us> nie-
tas & todo su linage daq<ue>llos q<ue> del se leua<n>-
taua<n>. &' llamaro<n> les los nombres q<ue> aq<u>i`
diremos. % Al padre dixiero<n> estos dos no<m>-
bres. Jacob. & isr<ae>l. % El p<r>i`mero fijo de Jacob
fue Reben. pero q<ue> es ya dicho ante desto.
&' este auie estonces estos q<u>a`tro fijos. Enoch.
et Phaleth. & effrom. & carmi. % El segu<n>do
Simeo<n>. &' este auie estos siete fijos. Jemu-
el. Jamin. & aoch. & Jachin. & Sab. & saber. &
saul. q<ue> fue fijo duna Cananea. & estos leuo co<n> sigo. % Leui q<ue> fue el t<er>cero. ouo alli
estos tres. Jerson. & Ceth. & merari. % Et
fuero<n> alli fijos de Judas q<ue> fue el q<u>a`rto fi-
jo de Jacob. estos tres. Sela. & Phares. et
zara. &' ouiera Judas a Her. & a Ona<n>. mas`
estos dos Her. & Ona<n>. muertos era<n> ya en
tierra de Cananea como es co<n>tado. Phares fijo de Judas fizo a esrom. & a Amul.
% ysacar q<ue> fue el qui<n>to. ouo estos q<u>a`tro
fijos. tola. & Phua. & Jacob. & esrom. % za-
bulo<n> fue el sexto fijo de Jacob. & fizo el
estos tres fijos. sared. & elon. & Jaelech. &'
estos seys fijos q<ue> dixiemos. & una fija
q<ue> ouo nombre dina. fizo Jacob en Lia
en Mesopotamia q<ue> es en tierra de Siria.
% Et su padre Jacob. & su madre Lia. et
estos seys sus fijos co<n> s<us> fijos dellos. so<n>
treynta & tres p<er>sonas. % De zelpha q<ue>
fue manceba de Lia. fizo Jacob estos dos.

gad. & asser. % Et gad q<ue> es el p<r>i`mero des-tos dos fijos de Jacob & de zelpha. ouo estos siete fijos Sephio<n>. Aggi. Su<n>ni. E-sebo<n>. Bacri. Aerodi. & aereli. % Aser el se-gu<n>do fijo de zelpha fizo estos q<u>a`tro. Jam-ne. Jesua. & Jesule. & Beria. & una fija q<ue> ouo nombre Sara. % Beria fijo de aser. ouo estos dos. Eber. Melchiel. % Et estos}

{CB2.

fijos de zelpha con su linage. fuero<n> xvj % Enell ot<r>a` mugier q<ue> ouo nombre Rachel q<ue> el amaua mucho. fizo estos dos. Josep. et be<n>iamj<n>. % Et Josep el p<r>i`mer fijo de Ra-chel. fizo estos dos en egipto. en asceneth su muger. Manasses. & Effraym. % Be<n>jamj<n> el segundo fijo de Rachel. ouo estos nue-ue. Bela. Bocor. asbel. Gera. Naama<n>. Gechi. Brees. Mophi. Ophi<n>. areth. % &' estos fijos` de Rachel co<n> sus fijos dellos. son catorze. % Bala ma<n>ceba de Rachel. ouo de Jacob estos dos. Dan. & Neptalin. % Este dan p<r>i`-mero fijo de Jacob & de Bala fizo a vscay. % Neptalin el segundo fijo de bala. ouo a Jasiel. & a Gumi. & a Geser. & a Salem. % &' estos de bala fuero<n> siete. &' todos los del li-nage de Jacob q<ue> aqui contamos los q<ue> entraro<n> con el en egipto. fuero<n> .lxvj. sin las mugeres de s<us> fijos. Mas manasses. et Effraym q<ue> fizo Josep en Egipto. & eran estonces alla. no<n> entra<n> en esta cue<n>ta nj<n> Josep su padre nj<n> aun Jacob. &' co<n>tando y las mugeres de s<us> fijos. son .lxxvij. por todos. % Sobresta cuenta destas p<er>sonas. faze Maestre pedro en su estoria un depar-timiento. &' esto es q<ue>los sete<n>ta traslada-dores. cue<n>tan q<ue> .lxxv. p<er>sonas entraron co<n> Josep a Egipto. & q<ue> otorga co<n> ellos Lu-chas euangelista. enel libro delos fechos` delos apostolos q<ue> conpuso el. &' Maestre Hugo q<ue> dize y otrossi lo suyo. Mas te-nemos q<ue> este departimie<n>to no<n> tiene mengua. & por ende no<n> dezimos del aq<u>i` mas. ca nos cumple en dezir lo q<ue> enel texto. & en la letra dixo dela biblia Moy-sen. sobre q<u>i` lo an todos. &' desq<ue> se fuero<n> llegando a tierra de Egipto. enuio Jacob a Judas a delant q<ue>lo fiziesse saber a Jo-sep. como uinie su padre co<n> toda su co<m>-panna. & q<ue> saliesse a ellos a tierra de Jer-sen. {RUB. De como Recibio josep asu padre & +}

III {IN4.} JOsep {RUB. as< us> h< er> manos & los leuo al Rey:} q< u> a`ndo sopo como uinie su padre. saliol a Recebir co< n> muy gra< n> d alegria a essa tierra de Jersen segu< n> d cue< n> tan unos. Otros dize< n> q< ue> a tierra de ramesse. &' esto semeia desacuerdo entre los q< ue> fablaro< n> desta estoria. % Mas dize Maestre pedro por sacar dend esta dubda. q< ue> estos dos logares Jersen & Ramesse. q< ue> en una tierra son. & aun q< ue> aq< ue> lla tierra.}

mi con entera fe. z yo me tornare en gracia contigo: si me oluidare el golpe dela hacha. Quiere dezir que el que dapña / o fiere a otro siẽpre deue ser sospechoso.

La. xi. del cieruo z dela oueia z del lobo.

Os engañadores quando piden alguna cosa por fraude trahen malos medianeros z testigos. segund se contiene eneste exemplo. El cieruo pidia vn moyo / o fanega d trigo ala oueja diziendo que gelo avia prestado para le tor

Plate 8 (transcription)

[fol. 39r]
{HD. Tercero \ XXXIX}
{CB1.
{=MIN=.}
mi con entera fe. & yo me tornare en gracia contigo: si me oluidare el
golpe dela hacha. Quiere dezir que el que dapn~a / o fiere aotro sie< m >-
pre deue ser sospechoso.

{RUB. La .xi. del cieruo & dela oueia & del lobo.}
{MIN=.}
{IN4.} (l)[L]Os engan~adores quando piden alguna cosa por fraude
trahen malos medianeros & testigos. segund se contiene
eneste exemplo. El cieruo pidia vn moyo / o fanega d< e > trigo ala oueja diziendo que gelo avia prestado para le tor-nar}
{CW. g j.}

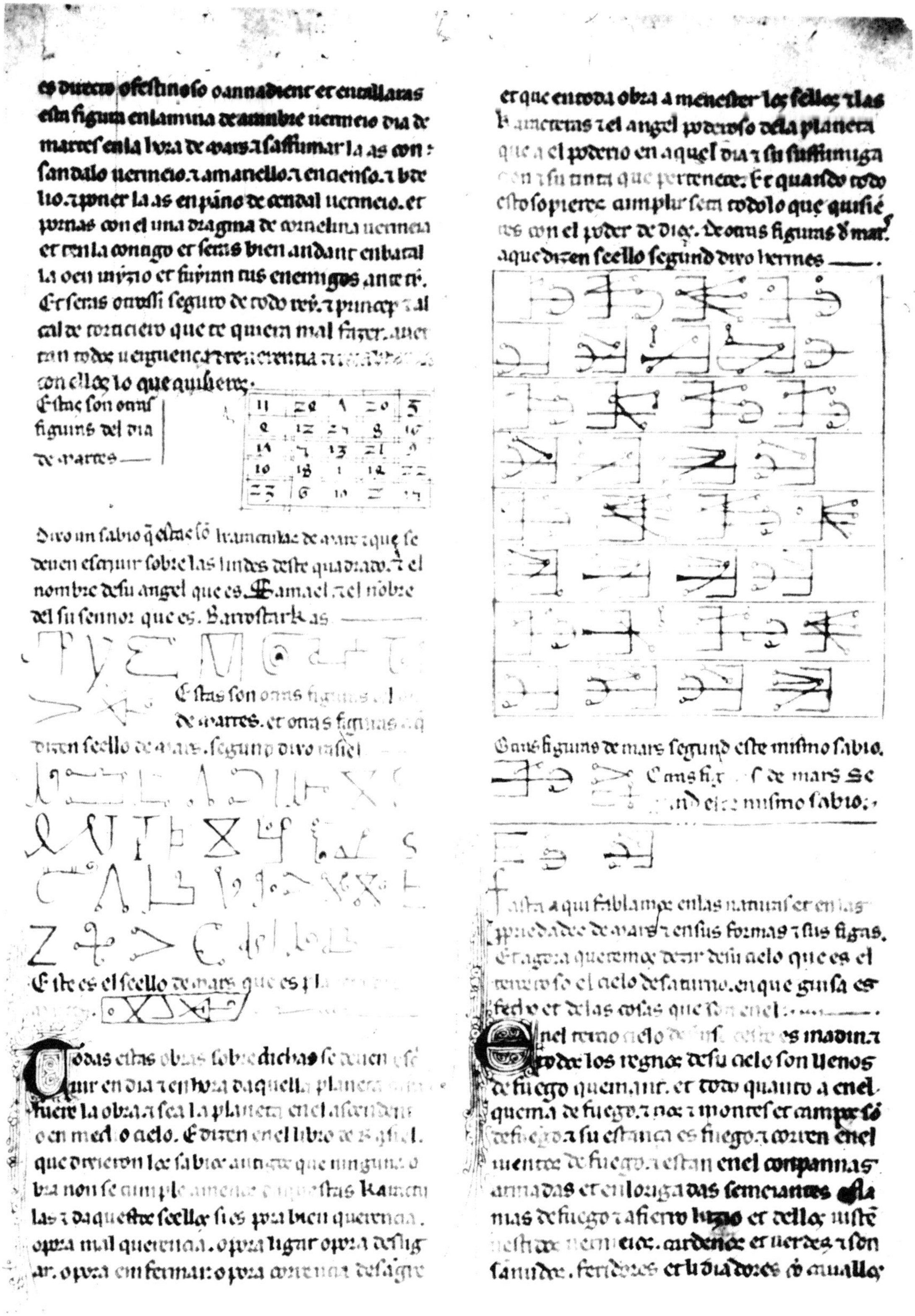

es durecto o festinoso o annadient et entallaras esta figura en lamina de arambre uermeio dia de martes en la hora de mars. et saffumar la as con sandalo uermeio. et amarello. et enciensso. et bdellio. et poner la as en panno de cendal uermeio. et pornas con el una dragma de cornelina uermeia et ten la contigo et seras bien andant en batalla o en juyzio et fuyran tus enemigos ante ti. Et seras otrossi seguro de todo rey. et princep et al cal de torticiero que te quiera mal fazer. et auer tan todos uerguença et reuerencia ... con ellos lo que quisieres.

Estas son otras figuras del dia de martes —

11	24	7	20	3
4	12	25	8	16
17	5	13	21	9
10	18	1	14	22
23	6	19	2	15

Dixo un sabio que estas son kamentulas de mars et que se deuen escreuir sobre las lindes deste quadrado. et el nombre de su angel que es Samael. et el nombre del su sennor que es Barcostarkas —

Estas son otras figuras del dia de martes. et otras figuras a que dizen sello de mars. segund dixo asiel

Este es el sello de mars que es pl...

Todas estas obras sobre dichas se deuen escreuir en dia et en hora daquella planeta cuya fuere la obra. et sea la planeta en el ascendent o en medio cielo. E dizen en el libro de Rasiel. que dixieron los sabios aunque que ninguna obra non se cumple ... aquestas kamentulas et daquestos sellos si es pora bien querencia. o pora mal querencia. o pora ligar o pora desligar. o pora enfermar o pora ... desagr...

et que en toda obra a menester los sellos et las kamentulas et el angel poderoso de la planeta que a el poderio en aquel dia et su suffumiga cion et su tinta que pertenece. Et quando todo esto sopieres complir seras todo lo que quisieres con el poder de dios. De otras figuras de mars a que dizen sello segund dixo hermes —.

Otras figuras de mars segund este mismo sabio.

Otras figuras de mars segund este mismo sabio.

Fasta aqui fablamos en las naturas et en las propriedades de mars et en sus formas et sus figuras. Et agora queremos dezir de su cielo que es el tercero so el cielo de saturno. en que guisa es fecho et de las cosas que son en el —.

En el tercero cielo de ... es madina et todos los regnos de su cielo son llenos de fuego quemant. et todo quanto a en el quema de fuego. et nos et montes et campos son de fuego. et su estancia es fuego. et corren en el uientos de fuego. et estan en el compannas armadas et en lorigadas semeiantes a flamas de fuego et a fierro bermeio et dellos uisten uestidos uermeios. cardenos et uerdes. et son sannudos. feridores et lidiadores con cauallos

Plate 9 (transcription)

[fol. 27v]
{CB2.
es directo o festinoso o annadient et entallaras
esta figura en lamina de aranbre uermeio dia de
martes enla hora de Mars. & saffumar la as con
sandalo uermeio. & amariello. & encienso. & bde-
lio. & poner la as en pa< n >no de cendal uermeio. et
pornas con el una dragma de cornelina uermeia
et tenla contigo et seras bien andant en batalla o en iuyzio et fuyran tus enemigos ante ty.
Et seras otrossi seguro de todo rey. & princep & al-
calde torticiero que te quiera mal fazer. auer
tan todos uerguenc'a & reuerentia. & [*recabdaras]
con ellos lo que quisieres.
{CB2.
{RUB. Estas son otras
figuras del dia
de Martes}}
{CB2.
{=DIAG.}}
Dixo un sabio q< ue > estas so< n > bearactulas de Mars & que se
deuen escriuir sobre las lindes deste quadrado. & el
nombre desu angel que es. Samael. & el no< m > bre
del su sennor que es. Barrostarkas:
{SYMB.} {SYMB.} {SYMB.} {SYMB.} {SYMB.} {SYMB.}{SYMB.}{SYMB.}
{SYMB.} {SYMB.} {RUB. Estas son otras figuras del dia
de Martes. et otras figuras aq< ue >
dizen seello de Mars. segund dixo rasiel:}
{SYMB.} {SYMB.} {SYMB.} {SYMB.} {SYMB.} {SYMB.}{SYMB.} {SYMB.}
{SYMB.} {SYMB.} {SYMB.} {SYMB.} {SYMB.} {SYMB.}{SYMB.} {SYMB.}
{SYMB.} {SYMB.} {SYMB.} {SYMB.} {SYMB.} {SYMB.}{SYMB.} {SYMB.} {SYMB.}
{SYMB.} {SYMB.} {SYMB.} {SYMB.} {SYMB.} {SYMB.}{SYMB.} {SYMB.}
Este es el seello de Mars que es planeta de dia
Martes {SYMB.}
{IN2.} Todas estas obras sobredichas se deuen esc< r >i`-
uir en dia & en hora daquella planeta cuya
fuere la obra. & sea la planeta enel ascendent
o en medio cielo. E dizen enel libro de Rasiel.
que dixieron los sabios antigos que ninguna o-
bra non se cumple a menos daquestas karactu-
las & daquestos seellos si es pora bien querencia.
o pora mal querencia. o pora ligar o pora desligar. o pora emfermar. o pora correncia de sa< n >gre}
{CB2.
et que en toda obra a menester los sellos & las
karacteras & el angel poderoso dela planeta
que a el poderio en aquel dia & su suffumiga-

cion & su tinta que pertenece. Et quando todo
esto sopieres cumplir sera todo lo que quisie-
res con el poder de dios. {RUB. De otras figuras d< e> mars`.
aque dizen seello segund dixo hermes}
{=DIAG. | {SYMB.} {SYMB.} {SYMB.} {SYMB.} |
{SYMB.} {SYMB.} {SYMB.} {SYMB.} {SYMB.} |
{SYMB.} {SYMB.} {SYMB.} {SYMB.} |
{SYMB.} {SYMB.} {SYMB.} {SYMB.} |
{SYMB.} {SYMB.} {SYMB.} {SYMB.} |
{SYMB.} {SYMB.} {SYMB.} {SYMB.} |
{SYMB.} {SYMB.} {SYMB.} {SYMB.} |
{SYMB.} {SYMB.} {SYMB.} {SYMB.} |}
Otras figuras de mars segund este mismo sabio.
{SYMB.} {SYMB.} Otras fig[*ura]s de mars Se-
[*gu]nd este mismo sabio.
{SYMB.} {SYMB.}
Fasta aqui fablamos enlas naturas et en las
p< ro> priedades de Mars & ensus formas & sus fig[< ur>]as.
Et agora queremos dezir desu cielo que es el
tercero so el cielo de saturno. en que guisa es
fecho et delas cosas que son enel:
{IN2.} Enel tercio cielo deyuso deste es madin. &
todos los regnos desu cielo son llenos
de fuego quemant. et todo quanto a enel
quema de fuego. & rios & montes et campos so< n>
de fuego. & su estanc'a es fuego. & corren enel
uientos de fuego. & estan enel conpannas
armadas et enlorigadas semeiantes [*a] flamas de fuego & a fierro luzio et dellos uiste< n>
uestidos uermeios. cardenos et uerdes & son
sa< n> nudos. feridores et lidiadores co< n> cauallos}

coronas de fuego et de lugor. et de sus fazes alumbran
el sieglo et todo el cielo. et a menos destos non se
faze ninguna cosa en el mundo. Et son acomen
dadas sobre los doze meses. sobre cada mes uno
destos angeles et fazen saber et entender a los 5
omnes lo que conteçe en los meses et en los an
nos. ca aquest poder et este saber. et esta onor
les dio el criador. et por esto fueron criadas et puest
as en aquel logar.

Plate 10 (transcription)

[fol. 29r]
{CB2.
coronas de fuego & de lugor. & de sus fazes alu< m >bra< n > el sieglo et tod el cielo. et a menos destos non se faze ninguna cosa enel mundo. Et son acomendados sobre los doze meses. sobre cada mes uno destos angeles et fazen saber et entender alos ombres lo que contec'ra enlos meses & enlos annos. ca aqueste poder et este saber. et esta honor les dio el criador. & por esto fueron criados & puestos en aquel logar.}
{CB2.}
{CB1.
{=DIAG.}}

Picatrix (Rome: Vaticana, Reg. lat. 1283) 29r

Plate 11

la quinta: c. & en la sesta: xxxiij. & dos candenas.
¶ Agora comencemos aqui la suma delas que
son en las figuras de parte de medio dia. ¶ Et pri
mera mientre de caetos que es la primera figu
ra en que a. xxij. estrellas. & son todas de dien
tro en la forma. ¶ Et a en la figura de orion:
xxxviij. estrellas. & todas de dientro dela forma.
¶ Et a otrossi de dientro en la forma del rio. xxx
iiij. ¶ Et de dientro dela figura dela liebre: a
.xij. ¶ Et en la forma del can mayor: a. xviij.
estrellas. & a fuera della: xj. ¶ Et a de dientro
la forma del can menor: ij. estrellas. ¶ Et en
la figura dela naf: a. xlv. estrellas. & son todas
de dientro della. ¶ Et de dientro la figura de y
dro a. xxv. & a dos fuera della. ¶ Et a. vij. en la
forma dela tinaia. ¶ Et a otra. vij. en el cuer
uo. ¶ Et en la figura del centauro: a. xxxvij. es
trellas. ¶ Et en la del lobo: xxiij. ¶ Et a en la
forma del fogar: vij. ¶ Et a en la figura dela
corona. xiij. estrellas. ¶ Et a en la forma del
pez: xj. ¶ Et la suma de todas las estrellas que
dicho auemos que son en las figuras dela parte
de medio dia. las que son de dientro delas figu
ras: son. cc. & lxxx. & v. estrellas. & las que
son de fuera delas figuras: son. xiiij. ¶ Et la sum
ma de todas: son. ccc. & viij. estrellas. ¶ Et a de
llas en la primera grandez: vij. ¶ Et en la segun
da: xij. ¶ Et en la tercera: lxiij. ¶ Et en la quarta:
c. & xxxviij. ¶ Et en la quinta: lxxij. ¶ Et en
la sesta: xxij. & candena: una. ¶ Et la suma
de todas estas estrellas que son en todas las. xl
& viij. figuras de todo el cielo. tan bien dela par
te de septentrion. como del zodiaco. & dela parte
de medio dia. ¶ Et las que son de dientro delas fi
guras son: dccc. & xiiij. ¶ Et las que son de fu
era: son. c. & seys. ¶ Et es la suma de todas:
mil. & xxij. estrellas. ¶ Et a dellas en la pri
mera grandez: xv. ¶ Et en la segunda: xlv.
¶ Et en la tercera: cc. & viij. ¶ Et en la quarta:
cccc. & lxxiiij. ¶ Et en la quinta: cc. & xvij. ¶ Et
en la sesta: xlix. & candenas. quatro. Por que
razon fueron puestos los nombres delas estrellas.
Pues que dicho auemos del cuento de todas
las estrellas que son en las. xlviij. figu
ras dell ochaua espera. & diremos los nom
bres senalados daquellas que los an. Mas con
todesso queremos las otra uez nombrar por que sepan
aquellos nombres los mas dellos por que fueron
puestos segund ell entendimiento delos sabios.
Et despues diremos quales daquellas eligio tho
lomeo por meter en el estrolabio & usan los om
bres. como quier que otras y podiera meter si
quisiesse & podria. ¶ Et estas razones mostra
mos por que assi como este es el mas noble sa
ber del mundo: assi queremos que este nuestro libro
sea mas noble por el. de guisa que los que lo cataren:
que fallen en el complimiento de razon pora las
cosas que quisieren saber. De la ossa menor.

Dezimos que las estrellas dela ossa me
nor: son. vij. & son todas nombradas. ¶ Et
dizen a las quatro que son en el cuerpo de
lla sin la cola. & son la quarta. & la cinquena. & la sese
na. & la setena. que fazen un quadrangulo lue
go annays. & este nombre es morisco. & es toma
do de un lecho en que lieuan los moros los muer
tos a soterrar. Pero algunos tienen que nombre
fue de algun ombre bueno. ¶ Et dizen a las dos mas
luzientes destas quatro que son la sesena & la sete
na: alfarcadein. & es nombre propio dessi se. por
que non a y figura en que sea nombrado. ¶ Et di
zen a las tres que son en la cola: benet. que quier
dezir: fijas. ¶ Et dizen a la postremera dellas que
es mas luziente que las otras dos: algedi. que quier
dezir: cabrito. ¶ Et dizen a todas estas siete en
uno: benet nays agogra. que quier dezir: las fi
jas de nays la menor. De la ossa mayor.

Las estrellas dela ossa mayor: son. xxvij.
& viij. fuera dela forma. & son todas nom
bradas. ¶ Et dizen a las quatro luzientes que
son en el quadrangulo luengo del cuerpo. & a las
tres que son en la cola: dizen benet nays alcubra.
que quier dezir: fijos de nays. & dizen les el nays.
que quier dezir: linage de nays. ¶ Et dizen a la
una dellas que es en el espinazo. & es la disese
sena: dahr adubb. que quier dezir el espinazo
del osso. ¶ Et dizen a la ueynte & setena que es
en cabo dela cola: alcayd. que quier dezir: guiador.
¶ Et a la ueynte & sesena que es en medio dela co
la: dizen alanach. que quier dezir: abracador.
¶ Et dizen a la ueynte & cinquena que se sigue: a
nays. que quier dezir: fondo. ¶ Et sobre al inac
a una estrella pequenna a que dizen. alcor. & di
zen le otrossi: saydach. & son nombres proprios. Et
dizen le otrossi. nays. que quier dezir. nays

Plate 11 (transcription)

[fol. 19r]
{HD. DEL OCHAUO CIELO}
{CB2.
la quinta; c. & en la sesta; xxxvij. & dos cardenas`. % Agora comenc'amos aqui la su<m>ma delas que son en las figuras de parte de medio dia. Et p<r>i`-mera mientre de caytoz que es la primera figu-ra. en que a .xxij. estrellas. & son todas de dien-tro en la forma. % Et a en la figura de vrion; xxxviij. estrellas. & todas de dientro dela forma. % Et a otrossi de dientro en la forma del rio; xxx-iiij. % Et de dientro dela figura dela liebre; a .xij. % Et en la forma del can mayor; a .xviij. estrellas. & a fuera della; xj. % Et a de dientro la forma del can menor; ij. estrellas. % Et en la figura dela naf; a .xlv. estrellas. & son todas de dientro della. % Et de dientro la figura de y-dro a .xxv. & a dos fuera della. % Et a .vij. en la forma dela tinaia. % Et a otra .vij. en el cuer-uo. % Et enla figura del centauro; a .xxxvj. es-trellas. % Et en la del lobo; xviij. % Et a en la forma del fogar; vij. % Et a en la figura dela corona .xiij. estrellas. % Et a en la forma del pez; xj. % Et la su<m>ma de todas las estrellas que dicho auemos que son en las figuras dela parte de medio dia. las que son de dientro delas figu-ras; son .cc. & .Lxxxx. & .v. estrellas. & las que son de fuera delas figuras; son .xiij. [^%] Et la sum-ma de todas; son .ccc. & .viij. estrellas. [^%] Et a de-llas en la primera grandez; vij. [^%] Et en la segu<n>-da; xij. [^%] Et en la t<er>cera; lviiij. [^%] Et en la quarta; .c. & .xxxviij. [^%] Et en la quinta; lxxiij. [^%] Et en la sesta; xvij. & cardena; una. % Et la su<m>ma de todas estas estrellas que son en todas las .xl & .viij. figuras de todo el cielo. tan bien dela par-te de septentrion; como del zodiaco. & dela parte de medio dia. [^%] Et las que son de dientro delas fi-guras son; dcccc. & .xiiij. [^%] Et las que son de fu-era; son .c. & ses. % Et es la su<m>ma de todas; Mil. & .xxij. estrellas. % Et a y dellas en la p<r>i`-mera grandez; xv. % Et en la segunda; xxxiij. % Et en la tercera; cc. & .iiij. % Et en la quarta; .cccc. & .xxxi. % Et en la quinta; cc. & .liij. % Et en la sesta; lxxx. & cardenas. quatro. {RUB. Por que razon fueron puestos los nombres delas estrellas.} {IN3.} Pues que dicho auemos del cuento de todas las estrellas que son en las .xlviij. figu-

ras dell ochaua espera. & dixemos los nom-bres sennalados daq<ue>llas que los an. Mas con todesso q<ue>remos las otra uez nombrar por q<ue> sepan}

{CB2.

aq<ue>llos nombres los mas dellos por que fueron puestos segund ell entendimie<n>to delos sabios. Et despues diremos quales daq<ue>llas escogio tho-lomeo por meter en el estrolabio & usan los om-bres. como quier que otras y podiera meter si quisiesse & podria. % Et estas razones mostra-mos por que assi como este es el mas noble sa-ber del mundo; assi q<ue>remos que este n<uest>ro libro sea mas noble por el. de guisa q<ue> los q<ue>l cataren; que fallen en el complimie<n>to de razon pora las cosas que quisieren saber. {RUB. Dela ossa menor.}

{IN3.} Onde dezimos q<ue>las estrellas dela ossa me-nor; son .vij. & son todas nombradas. % Et dizen alas quatro que son en el cuerpo de-lla sin la cola. & son la quarta. & la cinq<ue>na. & la sese-na. & la setena. que fazen un quadrangulo lue<n>-go annays. & este nombre es morisco. & es toma-do de un lecho en que lieuan los moros los muer-tos a soterrar. Pero algunos tienen que nombre fue de algun ombre bueno. % Et dizen alas dos mas luzientes destas quatro que son la sesena & la sete-na; alfarcadeyn. & es nombre proprio dessisse. por que non a y figura en que sea nombrado. % Et di-zen alas tres que son enla cola; benet. que quier dezir; fijas. % Et dizen ala postremera dellas q<ue> es mas luziente q<ue>las otras dos; algedi. que quier dezir; cabrito. % Et dizen a todas estas siete en uno; benet nays ac'ogra. que quier dezir; las fi-jas de nays la menor. {RUB. Dela ossa mayor.}

{IN2.} Las estrellas dela Ossa mayor; son .xxvij. & .viij. fuera dela forma. & son todas nom-bradas. % Et dizen alas quatro luzientes que son en el quadrangulo luengo del cuerpo. & a las tres que son en la cola; dizen benetnays alcubra. que quier dezir; fijos de nays. & dizen les elinays. que quier dezir; linage de nays. % Et dizen ala una dellas que es en el espinazo. & es la dizesse-sena; Daharadub. que quier dezir; el espinazo del osso. % Et dizen ala ueynt & setena que es en cabo dela cola; alcayd. que quier dezir; guiador. % Et ala ueynt & sesena que es en medio dela co-la; dizen alanach. que quier dezir; abrac'ador. % Et dizen ala ueynt & cinq<ue>na que se sigue; a-nays. que quier dezir; fondo. % Et sobre alanac a una estrella peq<ue>nna a que dizen; ac'uhe. & di-

zen le otrossi; c'aydach. & son nombres p<ro>prios. Et
dizen le otrossi. noays. que quier dezir. nays}

Libros del saber de astronomia (Madrid: Universitaria, 156) 19r

Plate 12

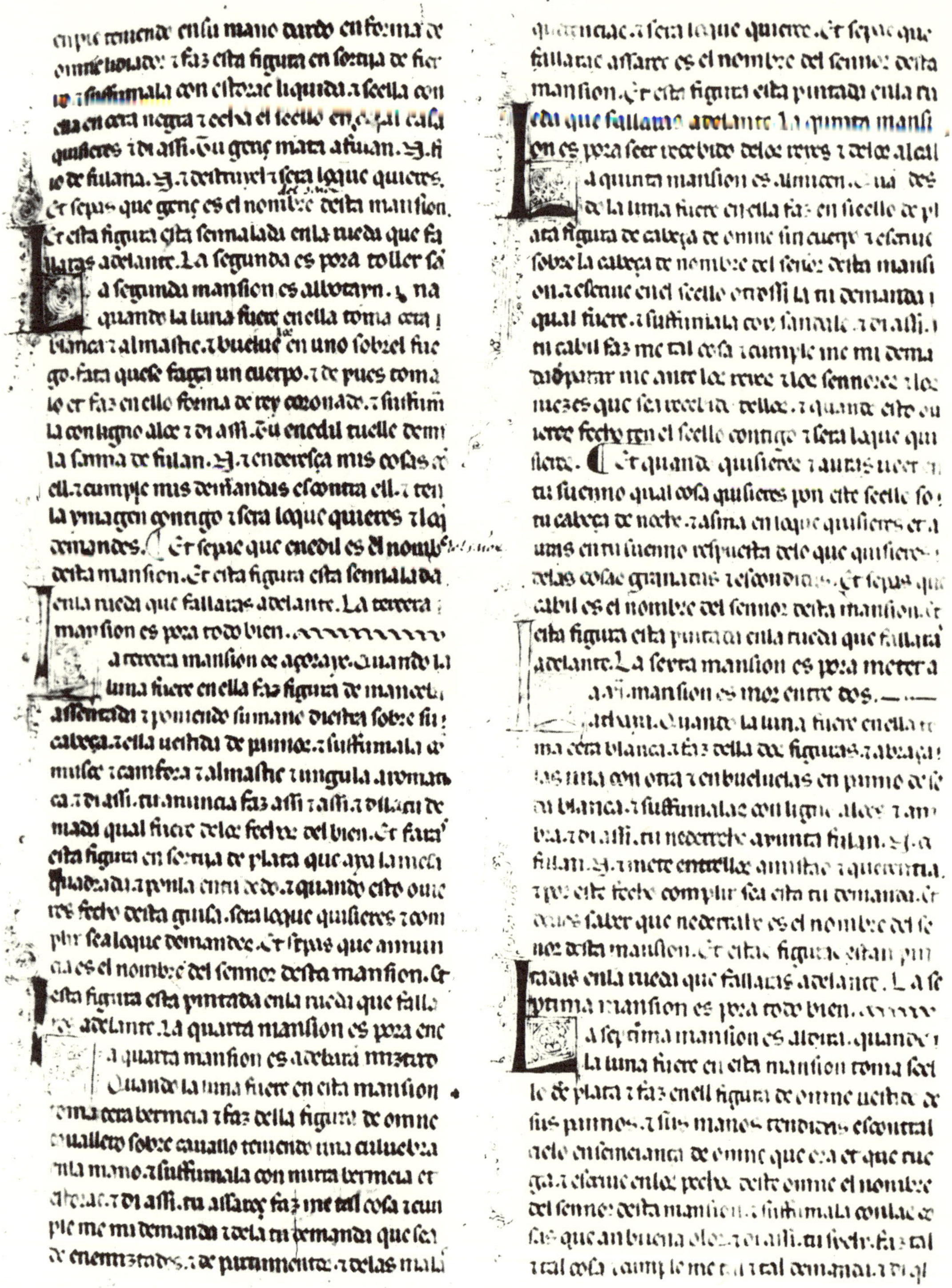

en pie teniendo en su mano dardo en forma de
omne bolador ⁊ faz esta figura en forma de fier
ro ⁊ suffumala con estoraque liquida ⁊ seella con
ella en cera negra ⁊ echa el seello en qual casa
quisieres ⁊ di assi. Tu genis mata a fulan. fi
jo de fulana. ⁊ destruyel ⁊ sera lo que quieres.
Et sepas que genis es el nombre desta mansion.
Et esta figura esta sennalada en la rueda que fa
llaras adelante. La segunda es pora toller sa
[L]a segunda mansion es allotayn. Q[uand]o na
quando la luna fuere en ella toma cera
blanca ⁊ almastic ⁊ buelue los en uno sobrel fue
go. fasta que se faga un cuerpo. ⁊ de pues toma
lo et faz en ello forma de rey coronado. ⁊ suffum
la con ligno aloe ⁊ di assi. Tu enedul tuelle de mi
la sanna de fulan. ⁊ endereśca mis cosas de
ell. ⁊ cumple mis demandas escontra ell. ⁊ ten
la ymagen contigo ⁊ sera lo que quieres ⁊ lo q
demandes. Et sepas que enedul es el nombre
desta mansion. Et esta figura esta sennalada
en la rueda que fallaras adelante. La tercera
mansion es pora todo bien.
[L]a tercera mansion es agoraye. Quando la
luna fuere en ella faz figura de mancebo
assentado ⁊ poniendo su mano diestra sobre su
cabeça. ⁊ ella vestida de pannos. ⁊ suffumala de
musc ⁊ canfora ⁊ almastic ⁊ ungula aromati
ca. ⁊ di assi. Tu anuncaa faz assi ⁊ assi ⁊ dilagu de
mada qual fuere delos fechos del bien. Et fara
esta figura en forma de plata que aya la mesa
quadrada ⁊ ponla en un dedo. ⁊ quando esto ouie
res fecho desta guisa. sera lo que quisieres ⁊ com
plir se a lo que demandes. Et sepas que anuun
caa es el nombre del sennor desta mansion. Et
esta figura esta pintada en la rueda que falla
ras adelante. La quarta mansion es pora ene
[L]a quarta mansion es adebaran misteto
Quando la luna fuere en esta mansion
toma cera bermeia ⁊ faz della figura de omne
cauallero sobre cauallo teniendo una culuebra
en la mano. ⁊ suffumala con mirra bermeia et
estoraque. ⁊ di assi. Tu assarez faz me tal cosa ⁊ cum
ple me mi demanda ⁊ dela tu demanda que sea
de enemiztades. ⁊ de partimiento. ⁊ delas mal
quereneias. ⁊ sera lo que quieres. Et sepas que
assarez es el nombre del sennor desta
mansion. Et esta figura esta pintada en la ru
eda que fallaras adelante. La quinta mansi
on es pora seer recebido delos reyes ⁊ delos alcal
[L]a quinta mansion es almicen. Quando
de la luna fuere en ella faz en seello de pl
ata figura de cabeça de omne sin cuerpo ⁊ escriue
sobre la cabeça el nombre del sennor desta mansi
on. ⁊ escriue en el seello otrossi la tu demanda
qual fuere. ⁊ suffumala con sandalo ⁊ di assi.
tu cabil faz me tal cosa ⁊ cumple me mi dema
da ⁊ pagar me ante los reyes ⁊ los sennores ⁊ los
mayores que sea recebido dellos. ⁊ quando esto ou
ieres fecho ten el seello contigo ⁊ sera lo que qui
sieres. Et quando quisieres ⁊ auras uer en
tu suenno qual cosa quisieres pon este seello so
tu cabeça de noche. ⁊ asma en lo que quisieres et a
uras en tu suenno respuesta delo que quisieres
delas cosas granadas ⁊ escondidas. Et sepas que
cabil es el nombre del sennor desta mansion. Et
esta figura esta pintada en la rueda que fallaras
adelante. La sexta mansion es pora meter a
[L]a .vi. mansion es mor entre dos.
[...]tahayn. Quando la luna fuere en ella to
ma cera blanca ⁊ faz della dos figuras. ⁊ abraça
las una con otra ⁊ enbueluelas en panno de se
da blanca. ⁊ suffumalas con ligno aloe ⁊ am
bra. ⁊ di assi. tu nedeytele ayunta fulan. ⁊ fu
lana. ⁊ mete entrellos amistad ⁊ querencia.
⁊ por este fecho complir sea esta tu demanda. Et
deues saber que nedeytale es el nombre del se
nnor desta mansion. Et estas figuras estan pin
tadas en la rueda que fallaras adelante. La se
ptima mansion es pora todo bien.
[L]a septima mansion es aldira. Quando
la luna fuere en esta mansion toma seel
lo de plata ⁊ faz en ell figura de omne uestido de
sus pannos. ⁊ sus manos tendidas escontral
cielo en semeiança de omne que ora et que rue
ga. ⁊ escriue en los pechos deste omne el nombre
del sennor desta mansion. ⁊ suffumala con las de
sas que an buena olor. ⁊ di assi. tu sieth faz tal
⁊ tal cosa ⁊ cumple me tal ⁊ tal demanda. ⁊ di q[ue]

Plate 12 (transcription)

[fol. 19r]
{CB2.
en pie teniendo ensu mano dardo en forma de
omne lidiador & faz esta figura en sortija de fierro. & suffumala con estorac liquida. & seella con
ella en cera negra & echa el seello en q[*u]al casa
quisieres & di assi. Tu geric' mata a fulan .N. fi-
io de fulana .N. & destruyel & sera loque quieres.
Et sepas que geric' es el nombre [^2del sen< n >or] desta mansion.
Et esta figura esta sennalada enla rueda que fallaras adelante. {RUB. La segunda es pora toller sa< n >-na +}
{IN2.} La segunda mansion es albotayn. & %2 {RUB.}
quando la luna fuere en ella toma cera
blanca & almastic. & buelue [^los] en uno sobrel fuego. fata quese faga un cuerpo. & de pues toma
lo et faz en ello forma de rey coronado. & suffuma`
la con ligno aloe & di assi. Tu enedil tuelle demi
la sanna de fulan .N. & enderesc'a mis cosas co< n >
ell. & cumple mis demandas escontra ell. & ten
la ymagen contigo & sera loque quieres & loq< ue >
demandes. % Et sepas que enedil es el nomb< r >e` [^2del sen< n >or]
desta mansion. Et esta figura esta sennalada
enla rueda que fallaras adelante. {RUB. La tercera
mansion es pora todo bien.}
{IN2.} La tercera mansion es ac'oraye. Quando la
luna fuere en ella faz figura de manceba
assentada & poniendo su mano diestra sobre su
cabec'a. & ella uestida de pannos. & suffumala co< n >
musco & camfora & almastic & ungula aromati-
ca. & di assi. tu anuncia faz assi & assi. & di la tu dema[< n >]da qual fuere delos fechos del bien. Et faras`
esta figura en sortija de plata que aya la mesa
quadrada. & ponla entu dedo. & quando esto ouieres fecho desta guisa. sera loque quisieres & complir sea loque demandes. Et sepas que annun-
cia es el nombre del sennor desta mansion. Et
esta figura esta pintada enla rueda que fallares adelante. {RUB. La quarta mansion es pora ene-miztad +}
{IN2.} La quarta mansion es adebara< n > %2 {RUB.}
Quando la luna fuere en esta mansion
toma cera bermeia & faz della figura de omne
cauallero sobre cauallo teniendo una culuebra
enla mano. & suffumala con mirra bermeia et
estorac. & di assi. tu assarec' faz me tal cosa & cun-
ple me mi demanda & dela tu demanda que sea
de enemiztades. & de partimientos. & delas malas`}
{CB2.

querencias. & sera loque quieres. Et sepas que (^fallaras) assarec' es el nombre del sennor desta mansion. Et esta figura esta pintada enla ru- eda que fallaras adelante. {RUB. La quinta mansi- on es pora seer recebido delos reyes & delos alcal-des +} {IN2.} La quinta mansion es almic'en. Qua< n> -do %2 {RUB.} la luna fuere en ella faz en sieello de pl- ata figura de cabec'a de omne sin cuerpo & escriue sobre la cabec'a de nombre del sen< n> or desta mansi- on. & escriue enel seello otrossi la tu demanda qual fuere. & suffumala con sandalo. & di assi. tu cabil faz me tal cosa & cumple me mi dema< n> - da d< e> parar me ante los reyes & los sennores & los iuezes que sea recebido dellos. & quando esto ou- ieres fecho ten el seello contigo & sera loque qui- sieres. % Et quando quisieres (^& auras) ueer en tu suenno qual cosa quisieres pon este seello so tu cabec'a de noche. & asma en loque quisieres et a- uras en tu suenno respuesta delo que quisieres delas cosas granadas & escondidas. Et sepas que cabil es el nombre del sennor desta mansion. Et esta figura esta pintada enla rueda que fallaras` adelante. {RUB. La sexta mansion es pora meter a-mor +} {IN2.} La .vja`. mansion es {RUB. entre dos.} athaya. Quando la luna fuere en ella to- ma cera blanca. & faz della dos figuras. & abrac'a las una con otra & enbueluelas en panno de se- da blanca. & suffumalas con ligno aloes & am- bra. & di assi. tu nederrehe ayunta fulan .N. co< n> fulan .N. & mete entrellos amistad & querentia. & por este fecho complir sea esta tu demanda. Et deues saber que nederrahe es el nombre del se< n> - nor desta mansion. Et estas figuras estan pin- tadas enla rueda que fallaras adelante. {RUB. La se- ptima mansion es pora todo bien.} {IN2.} La septima mansion es aldira. quando la luna fuere en esta mansion toma seel- lo de plata & faz en ell figura de omne uestido de sus pannos. & sus manos tendidas escontral cielo en semeianc'a de omne que ora et que rue- ga. & escriue enlos pechos deste omne el nombre del sennor desta mansion. & suffumala conlas co- sas que an buena olor. & di assi. tu syely. faz tal & tal cosa & cumple me tal & tal demanda. & di q< u> a`l}

El quarto libro es delos fechos memorables et del
grant coraçon et fortaleza de trajano emperador
et dela su iusticia. enel qual libro se contiene .j. ca
pitulo. segunt que se sigue por orden et c.
Primerament de qual linage vino el Em .lxxix.
perador Trajano vlpio nascido de padre
et de madre qui eran despanya et delas
sus uirtudes. El quinto libro es delos fechos stre
nnos et grandes conquistas de Alexandre aure
lio seuero Emperador de roma et dela su sembla
ça et costumbres enel qual se contiene .iij. capitules
segunt que se siguen por orden et c.
Primerament de qual linage vino el Em lxxxij
perador alexandre Aurelio et delas sus
uirtudes et dela su humildança Et de co
mo era de bella estatura.
De las cauallerias marauillosas et delas grandes lxxxvi.
conquistas del Emperador alexandre.
De los illustres varones qui clarearon en scien lxxxix.
cia en tiempo del dicho Emperador.
Aqui comiença el .vj. libro delos fechos memo xcij
rables et del linage et començamiento de costan
tino Emperador et por qual manera fue nascido
et como Elena filla de Cochel rey de bretanya
a conoscio en roma costantino Emperador
de Roma et como fueron esposados et en qual
quinta manera les paso de hun fijo constanti
et delas cosas que acaescieron en su imperio
enel qual libro non es diuiso por capitules.
El .vij. es delas gestas et memorables .cxi.
fechos darmas del Emperador theo
dosio et por qual manera demando baptis
mo a sant athobo de vingna et delas cosas

[fol. 4r]
{CB1.
{RUB. El quarto libro es delos fechos memorables et del
grant corac'on et fortaleza de trajano emperador
et dela su iusticia. enel qual libro se contiene .j. capitulo. segunt que se sigue por orden et c<eter>a`.}
.lxxix. {IN3.} Primerament de qual linage vino el Emperador Trajano vlpio nascido de padre
et de madre qui eran de [^e]spanya et delas
sus uirtudes. {RUB. El quinto libro es delos fechos stre-
nuos et grandes conquistas de Alexandre aurelio seuero Emperador de roma et dela su sembla<n>-
c'a et costumbres enel q<u>a`l se <con>tiene .iij. capitules
segunt que se sigue<n> por orden et c<eter>a`.
lxxxij. {IN3.} Primerament de qual linaje vino el Emperador Alexandre Aurelio et delas sus
uirtudes et dela su humildanc'a Et de co<m>-
mo era de bella estatura.
lxxxvi. {IN1.} Delas cauallerias marauillosas et delas gra<n>des
conquistas del Emperador alexandre.
lxxxix. {IN1.} Delos illustres varones qui clarearo<n> en scie<n>-
cia en tiempo del dicho Emperador.
xcij {RUB. Aqui comienc'a el .vi. libro delos fechos memorables et del linage et come<n>c'amiento de costa<n>-
tino Emperador et por q<u>a`l man<er>a fue nascido
et como Elena filla de Cochel rey de bretany-
a conoscio en roma costantino Emperador
de Roma et co<m>mo fuero<n> esposados et en qui-
enta manera les priso de lur fijo consta<n>ti<n>
et delas cosas que acaesciero<n> en su imperio
enel qual libro non es diuiso por capitules.}
cxj. {RUB. {IN2.} El .vii. es delas gestas et memorables
fechos darmas del Emperador theo-
dosio et por qual manera demando baptis-
mo a sant athoho de vngria et delas cosas`}}

que ne acaescieron enel su imperio. enel qual
libro se contiene. xi[illegible]. capitules segunt se sigue
por orden. et c.

cxiii. Primerament de como Eunomio el heret
ge.

cxv. Como por qual manera sant marti
prophetizo la mala muert del Emperador.

cxv. De maximo el tiranno. et de la su persecucion.

cxviii Como por qual manera Theodosio procedio
contra maximo el Tiranno. De theodosio

cxix. Del iuego fecho por la victoria de valentiniano et

cxxii. Como Theodosio strujo las ydolas.

cxxviii Por que manera se amengio el rio de egipto. Por que

cxxviii. manera fue trobada la cabeça de sant iohan bapta.

cxxxi. Del miraglo mostrado al Emperador theodosio.

cxxxi De la batalla fecha entre el Emperador Theodosi

cxxx. o et Eugenio el tiranno. El viii. libro es de las
conquistas et grandes fechos darmas de At
tilla Rey de los huenos qui fue dicho acote o

cxxxiii. pugnicion de dios et de las otras cosas que
en aquel tiempo fueron por el fechas. enel qual li
bro se contienen. vi. capitules segunt que se sigue
por orden et c.

cxxxiii. Primerament de la batalla de Etio patri
cio contra Attilla et vencido Rey de los
huenos.

cxxxv. Como attilla apres que fue vencido passo en Tu
ringia que agora es dicha liege et de las cosas que
apres se siguieron.

cxxxvi Como Attilla apres que fue muerto el Empe
rador valentiniano plego grant huest de muchas
nationes por yr en ytalia. Et como aplego con el
genserico lo priego que de vallas en las gallias
et se aplego con el et de las cosas que se fizieron.

cxxxvi. Como attilla passo apres en ytalia. et del

Plate 14 (transcription)

[fol. 4v]
{CB1.
{RUB. que ne acaescieron enel su imperio. enel qual
libro se contiene .xi(^??). capitules segunt se sigue< n >
por orden. et c< eter > a`.}
cxiii. {IN3.} Primerament de como Eunonuo el here-
ge. {BLNK.}
cxv. {IN1.} Como por qual manera sant marti< n >
prophetizo la mala muert del Emperador.
cxv. {IN1.} De maximo el tiranno. et d< e > la su persecucion.
cxviii {IN1.} Como por qual manera Theodosio procedio
contra maximo el Tiranno. %3 de theodosio[.]
cxix. {IN1.} Del iuego fecho por la victoria de valentiniano &
cxxij. {IN1.} Co< m > mo Theodosio struyo las ydolas.
cxxviii {IN1.} Por q< u > a`l man< er > a se ame< n > guo el rio de egipto. cxxviii. {IN1.} Por
q< u > a`l
man< er > a fue t< r > o`bada la cabec[']a de sant ioh< a > n b< a > b< tist > a.
cxxxi. {IN1.} Del miraglo mostrado al Emp< er > ador theodosio.
cxxxi {IN1.} Dela batalla fecha entre el Emperador Theodosi-
o et Eugenyo el tiranno. cxxx[ij]. {RUB. El .viii. libro es delas
conquistas et grandes fechos darmas de At-
tilla Rey delos hucnos qui fue dicho ac'ote o
pugnicion de (de) dios cxxxiij. et del(^o)[^a]s otras cosas que
en aquel tiempo fueron por el fechas. enel q< u > a`l li-
bro se contienen .vi. capitules segu< n > t que se sigue< n >
por orden et c< eter > a`.}
cxxxiij. {IN3.} Primerament dela batalla de Etio patri-
cio contra Atilla et blenda Reyes delos
hucnos.
cxxxv. {IN1.} Como atilla apres que fue vencido passo en Tu-
rugia que agora es dicha liege et delas cosas que
apres se siguieron.
cxxxvi. {IN1.} Como Atilla apres que fue muerto el Emperador valentiniano plego grant huest de muchas`
nationes por yr en ytalia. Et co< m > mo aplego co< n > el
genserico lo prego que deuallas enlas gallias
et se aplego conel et delas cosas que se fizieron.
cxxxvi. {IN1.} Como atilla passo apres en ytalia. et des-truyo}

La .xx. mansion es albaryn. Quando la
luna fuere en esta mansion toma una
tabla destanno. et faz en ella figura que aya ca
beça de omne et cuerpo de cauallo con quatro pi
es. et cola. et que aya dos manos de suso. teniendo
en estas manos un arco turques. et suffumma
la con cabellos de raposo. et di assi. tu queyrbur
faz me auer toda caça de tierra et que me uenga
luego. et por este fecho auras toda caça de tierra
ligera mientre teniendo esta ymagen. Et sepas
que queyrbur es el nombre del sennor desta ma
sion. Et la figura esta pintada en la rueda que fa
llaras adelante. La .xxi. mansion es por ker.
La .xxi. mansion es elbelda. Quan mar
do la luna fuere en esta mansion faz
figura de omne que aya dos fazes. la una de
lante et la otra detras. et suffumala con sangre
sufre et carabre. et di assi. tu kemne luzia el log
ar de fulan et yermalo et destruyelo. et nombra a
quien quisieres et pon esta ymagen en buxta
de arambre et pon con ella sufre et carabre et ca
bellos. Et sotierrala en aquel logar que tu qui
sieres. et sera lo que quieres. et complir sea lo que
demandeste desta razon. Et deues saber que
quen... es el nombre del sennor desta mansion
Et la figura esta pintada en la rueda que fal
laras adelante. La .xxij. mansion es pora
La .xxij. mansion es çaad
addebeh. Quando la luna fuere en es
ta mansion faz figura

La .xxij. mansion es pora destruyr et ker
mar.

La .xxiij. mansion es çaadebola. Quan
do la luna fuere en esta mansion faz secl
lo de fierro et faz en el figura de gato que aya
cabeça de perro. et safumala con cabellos de pe
rro. et di assi. tu cequebin ... tal et tal logar.
et destruyelo et yermalo. et muestra depues el
seello a las estrellas quando esta mansion fu
ere sobiente en el ascendent. et a la segunda no
che sotierra el seello en el logar que quisieres.
et perder san los aueres que son en aquel logar
et destruyr sea et uaziar sa. Et sepas que cequebyr
es el nombre del sennor. et la figura esta pintada
en la rueda que fallaras adelante. La .xxiiij.
mansion es pora encrescar ganados. etc.
La .xxiiij. mansion es çaadazood. Quan
do la luna fuere en ella toma un cuerno
de carnero et quemalo et allanalo mui bien. et
faz en el figura de mugier teniendo fijo en sus
braços en semeiante que mama. et suffumalo
con aquella dolladura que dolieste del cuerno.
et di assi. tu abrine amerdoa et encrescа el gan
ado de fulan. et depues cuelga la ymagen en el pe
scueço de un manso del ganado. et si la quisieres
pora uacas faz la ymagen en cuerno de buey. et cuelgal
a al toro et encrescara aquel ganado et non acae
scera mortandad en el. Esta ymagen esta pinta
da en la rueda que fallaras adelante. La .xxv.
mansion es pora guardar los aruoles et
las miesses de occasion.
La .xxv. mansion es çaad. alahbia. Quan
do la luna fuere en ella toma un seello
dest... de figuera et faz en el figura de omne
en semeiança que planta aruoles. et sufumala
con flores de aruoles. et sufumalos. et di assi. tue
ziel guarda miesses que no ayan mal ningu
no nin occasion. et cuelga la ymagen dun aruo
en el logar o quisieres. et demientre la ymagen
hy estudiere seran guardados las miesses et los ar
uoles daquel logar. Et sepas que aziel es el nom
bre desta mansion. et esta figura esta pintada en la
rueda que fallaras adelante. La .xxvi. mansi
on es pora fazer amor.
La .xxvj. mansion es alfarg. primero.
Quando la luna fuere en ella toma cera

Plate 15 (transcription)

[fol. 20v]
{CB2.
{IN2.} La .xx. mansion es aluaym. Quando la
luna fuere en esta mansion toma una
tabla destanno. & fas enella figura que aya cabec'a de omne & cuerpo de cauallo con quatro pies. & cola. & que aya dos manos de suso. teniendo
en estas manos un archo turques. & suffuma
la con cabellos de raposo. & di assi. tu queylhut
faz me auer toda cac'a de tierra & que me uenga`
luego. & por este fecho auras toda cac'a de tierra
ligera mientre teniendo esta ymagen Et sepas
que queyrhut es el nombre del sennor desta ma< n> -
sion. E la figura esta pintada enla rueda que fallaras adelante. {RUB. La .xxi. mansion es por her-mar +}
{IN2.} La .xxia`. mansion es elbelda. Qua< n> -do {RUB.}
la luna fuere en esta mansion faz
figura de omne que aya dos fazes. la (^l)una de-
lantre[^]la otra detras. & suffumala con (^sangre)
suffre & carabre. & di assi. tu ketne bazia el logar de fulan & yermalo & destruyelo. & nombra a
quien quisieres & pon esta ymagen en bustia
de arambre & pon con ella suffre & carabre et cabellos. Et sotierrala en aquel logar que tu quisieres. & sera loque quieres. & complir sea loque
demandeste desta razon. Et deues saber que
quen[^e] es el nombre del sennor desta mansion
E la figura esta pintada enla rueda que fallaras adelante. {RUB. La .xxija`. mansion es pora +}
{IN2.} La .xxija`. mansion es c'aad {RUB. {BLNK.}}
addebeth. Quando la luna fuere en es-
ta mansion faz figura {BLNK: 12 lines left blank.}
{RUB. La .xxiij. mansion es pora destruyr et her-
mar.}}
{CB2.
{IN2.} La .xxiija`. mansion es c'aadabola. Quan-
do la luna fuere enesta mansion faz seello de fierro & faz enel figura de gato que aya
cabec'a de perro. & sahumala con cabellos de perro. & di assi. tu c'equebin uac'ia tal & tal logar.
& destruyelo & yermalo. & muestra depues el
seello alas estrellas quando esta mansion fuere subient enel ascendent. & ala segunda noche sotierra el seello enel logar que quisieres.
& perder san los aueres que son en aquel logar.
& destruyr sea & uaziar sa. Et sepas que c'equeby< n>
es el nombre del sennor [^desta ma< n> sio< n>]. & la figura esta pintada

enla rueda que fallaras adelante. {RUB. La .xxiiija`. (^n) mansion es pora enderesc'ar ganados.} {IN2.} La .xxiiij. mansion es c[']aadazod. quan-do la luna fuere en ella toma un cuerno de carnero & duela lo & (^l)allanalo mui bien. et faz enel figura de mugier teniendo fijo ensus brac'os en semeiante que mama. & suffumalo con aquella doladura que doleste del cuerno. & di assi. tu abrine ameydra & enderesc'a el gan-ado de fulan. & depues cuelga la ymagen enel pe-scuec'o de un marueco del ganado. & sila quisieres pora uacas faz la ymagen en [^cuerno] de buey. & cuelgal-a al toro & meydrara aquel ganado & non acae-scera mortandad enel. Esta ymagen esta pinta-da enla rueda que fallaras adelante. {RUB. La .xxva`. (^n) mansion es pora guardar los aruoles et las miesses de occasion.} {IN2.} La .xxva`. mansion es c'aad. alahbia. qua<n>-do la luna fuere en ella toma un seello de(^st) fuste de figuera & faz enel figura de omne en semeianc'a que planta aruoles. & sufumala con flores de aruoles. & sufumal(^e)[^o]s. & di assi. tu e-ziel guarda miesses que no ayan mal ningu-no nin occasion. & cuelga la ymagen dun aruo[^l] enel logar o quisieres. & demientre la ymagen hy estudiere seran guardados las miesses & los ar-uoles daquel logar. Et sepas que aziel es el non-bre desta mansion. & esta figura esta pintada e<n>la rueda que fallaras adelante. {RUB. La .xxvj. mansi-on es pora fazer amor.} {IN2.} La .xxvj. mansion es alffarg. primero. Quando la luna fuere en ella toma cera}

Fijo sigue al entendido
e a su ley
non blasfemes del rrey
en ascondido
fuya tu lengua e sentido
tales rredes
que en tal caso las paredes
han oydo

De justiçia:

Non distrayas del ofiçio
de justiçia
por temores o amiçiçia
nin seruiçio
non gradescas benefiçio
en çesar
de punir e castigar
malefiçio

Ca esta es linea rrecta
que nos guia
e muestra la justa via
e perfecta
esta fue por dios electa
e del çielo
confirma que fue su buelo
el profeta

Pues que me diras de Zeleuco
senador
que pospuesto todo amor
e sentimiento
con el fijo fue contento
su pecado
cruel mente ser pasado
por tormento

Zeleuco. asy commo valerio narra en el sesto libro. senador fue de rroma la qual çibdat fructificada fue por el de buenas e onestas leyes. entre las quales ordeno que qualquier que fallado fuese en adulterio dela vista lo priuasen. onde avino que un fijo suyo el mesmo pecado cometio. E commo el padre obseruando las leyes por el decretadas quisiese esecutar en aquel las fuerças dela justiçia. non punto moderando nin menos absoluiendo la çibdat commouida a piedat inclinada del adolesçente fijo le suplicaron con eficaçes rruegos e insistentes preçes el su yerro perdonar quisiese. a las quales vençido por que la culpa punida non quedase primera mente saco asi el uno de sus ojos. e a su fijo fizo sacar el otro. El qual non poco enxenplo es. o deue ser a todos aquellos que dela vara dela justiçia han cargo.

Frondino dio por seruar
lo que ordeno
presta mente se peno
sin dilatar
pues deuemos nos forçar
a bien fazer
si queremos rreprehender
o castigar

Frondino dio. çibdadano de rroma asy commo valerio rrecuenta enel sesto libro e iohan galensy en un conpendio que fizo delas quatro virtudes cardinales. vistas algunas disensiones e escandalosos rrazonamientos que los çibdadanos de rroma algunas vezes entre si avian. ordeno que qualquier que viniese con armas al capitolio fuese muerto. El qual oluidada la ley por el establesçida commo un dia viniese del canpo entro enel capitolio con la espada adonde de uno delos çircunstantes fue rretraydo rredarguyendo le que la ley por el instituyda ouiese traspasado. a lo qual el rrespondio yo confirmare la ley que fize. E subito se dio con la mesma espada por el cuerpo podiendo fuyr la pena e defender la con alguna color que rrazonable paresçiese.

De paçiençia contra correpçion

No seas açelerado
furioso
mas conpuesto con rreposo
al culpado
el castigo moderado
es onesto
e quando sobra demuesto
rreprouado

Plate 16 (transcription)

[fol. 196v]
{CB1.
% % fijo sigue al entendido
& a su ley
no<n> blasfemes del rrey
en ascondido
fuya tu lengua & sentido
tales rredes
q<ue> en tal caso las paredes
han oydo
% % de jusstic'ia:

% % Non discrepes del ofic'io
de justic'ia
por temores o amjc'ic'ia
njn serujc'io
no<n> gradescas benefic'io
en c'esar;
de pugn~jr & castigar
malefic'io

% % ca esta es linea rrecta
q<ue> nos guja
& muestra la justa via
& perfetta
esta fue por dios eletta
& del c'ielo
confirma q<ue> fue su buelo
el profeta

% % Pues q<ue> me diras de lento {GL. [^% % lento. asy com<m>o valerio narra en(~)el sesto libro. senador fue de rroma. la q<u>a`l c'ibdat
frutificada fue por el de buen(~)as & onestas
leyes. entre las qual<e>s ordeno q<ue> qualq<ui>er
que fallado fuese en adulterio dela vista lo priuasen. onde avjno q<ue> vn(~) fijo suyo
el mesmo pecado cometio. E com<m>o el padre obseruando las leyes por el decretadas q<u>i`siese esecutar en aq<ue>l las fuerc'as
dela justic'ia. no<n> punto moderando nj<n>
menos absolujendo la c'ibdat comoujda
a piedat jnc'itada del adolescient<e> fijo
le suplicaron con eficac'es rruegos & jns-
tantes prec'es el su yerro perdonar q<u>i`sie-
se. alas quales venc'ido por q<ue>la culpa jn-
ponida no<n> q<ue>dase p<r>i`mera mente saco asi
el vno de sus ojos. & asu fijo fizo sacar

el otro. El qual no<n> poco enxenplo es.
o deue ser a todos aq<ue>llos q<ue> dela vara de
la Justic'ia han cargo./.]}
senador
q<ue> po`spuesto todo amor
& sentimento
con(~)el fijo fue contento
su pecado
cruel mente ser pasado
por tormento

% % frondinodio {GL. [^% % frondinodio. c'ibdadano de rroma asy co-
m<m>o valerio rrecuent(~)a en<e>l sesto libro & ioh<a>n
galensy en vn(~) conpe<n>dio que fizo delas q<u>a`t<r>o`
virtudes cardinales. vistas algun(~)as dy-
senc'ion<e>s & escandalo(^??)[^s]os rrazonamjen(~)tos.
q<ue> los c'ibdadanos de rroma algun(~)as vezes
entresi auja<n>. ordeno que qua(~)l q<u>i`er q<ue> vinje-
se con armas al capitolio fuese muerto.
El qual olujdada la ley por el establesc'i-
da com<m>o vn(~) dia vinjese del canpo en(~)tro
en<e>l capitolio con(~)la espada a donde de
vno delos c'ircustantes fue rretraydo
rredarguyendo le q<ue> la ley por el ynstituy-
da oujese traspasado. alo qual el rress-
pondio yo conf(^o)[^j]rmare la ley que fize.
E subito se dio conla mesma espada por
el cuerpo podiendo fuyr la pena & defe<n>-
der la con algun(~)a color q<ue> rrazonable
paresc'iesse./]} por seruar
lo q<ue> ordeno
presta mente se peno
sin dilatar
pu<e>s deuemos nos forc'ar
a bien fazer
si q<ue>remos rrep<r>e`hender
o castigar
% % de pac'ienc'ia con(~)sta correpc'ion(~)
% % no<n> seas ac'elerado
furioso
mas corrije con rreposo
al culpado
el castigo moderado
es onesto
& quando sobra denuesto
rreprouado}

DEL SIGNO

Dela piedra que a nombre calcant

El dezeno grado de
El dezeno grado del
signo de uirgo: es la
piedra quel dizē cal
cant. Et esta es una
delas maneras de aze
che que ya nombra
mos. verde es de color.
⁊ dizen le en griego:
guielkentz. Esta ma
nera de azech se suelue enel agua ⁊ es de mas sotiles ⁊
puros delos elementos: que no la otra que dixiemos
a que llaman calcatar. Et a las uezes fallan esta pi
edra fojas una sobre otra: ⁊ esto contece por que se ca
mia a muy luengos tiempos. Et a tal piedra como es
ta: llaman azech delos corridores. ⁊ ay dello que se faz
de gotas que cayen en su minera: ⁊ a esta dizen alca
tar. Et ay otro que se faze dela minera misma. ⁊ esta es
fallada en la tierra a que llaman en griego esfama:
q̄ quier dezir espumma. Et otrossi ay dello que es de fea
color ⁊ muy flaco en si. ⁊ si lo mezclan con agua ⁊ lo cu
ezen. ⁊ dēsi lo echarē en un uaso ⁊ lo pusieren al ayre ⁊
al sol. ⁊ lo dexaren y estar grād tiempo: quaia se ⁊ faze
se dello piedras. ⁊ las meiores dellas son: las que tiene
a color daqui. Et esto azech es claro ⁊ limpio de color:
⁊ mas pesado que los otros azeches. pero a parte cō todos
ellos en las propriedades que an: saluo ende que es tanne
mas. de manera que por aquel estrinnimiento: recibe
en si ya quanto de amargor. ⁊ por esto enxuga las hu
mitades dela carne mas que nenguna manera delos
otros azeches. ⁊ ayunta las cosas desayuntadas. ⁊ es
mas sotil que el otro azech q̄ dizē calcatar ⁊ cō menos
agudez. ⁊ presta mucho ales dientes que se mueuen ca
los aprieta ⁊ faze los firmes. ⁊ aun lo meten en las me
lezinas que fazen pora tennir los cabellos prietos. Et
el crudo delos calcatares: es meior que el quemado. Et
las dos estrellas. la que cae a medio dia ⁊ la otra me
diana delas tres que son en la linna derecha que siguē
al triangulo que es enel dragon. an poder en esta piedra
⁊ dellas recibe la fuerça ⁊ la uertud. Et quanto estas
amas son enel ascendente: muestra esta piedra mas cō
plida mientre sus obras:-

Dela piedra a que dizen calcant

El .xi. grado del sig
no de uirgo es la pi
edra quel dizen cal
cant: ⁊ es otrossi la
quarta manera de
azech que auemos
dicho. Blanco es de
color. ⁊ dizen le en a
rauigo xehera. que
quier tanto dezir
en este lenguaie ayuntamiento. Et en griego l dizen
mechytria. E t este es en cosas mas preciado q̄ el calca
calcadiz: ⁊ el otro en cosas mas que el: ⁊ assi se camiā
muchas uegadas duna manera en otra. pero esta q̄
es de color blanca: es mas ligera de soluer que los otros:
por que es de mas sotil sustancia. Et ay dello q̄ fallā
en su minera fecho piedra ⁊ las meiores dellas sō las q̄
las que fallan en la tierra que es dicha calybia. pero
falladas son en otro logar. Et las meiores dellas. son
las que an color de sufre amariello. ⁊ que es blāco ⁊
limpio. ⁊ que quando lo echan enel agua: derre
griesce luego ca esto a ella por propriedat. mas en todas las
otras cosas se acuerda con los otros azeches. Et faze
aun mas que si dierē a comer o a beuer dello cō agua
mata los gusanos q̄ se fazen en el uiētre por enferme
dat: ⁊ faze los camiar. Et otrossi presta mucho cōtra el
tossico que uiene de parte delos fongos. ⁊ de mas qui lo
mezcla cō agua. ⁊ lo gotea en la nariz: purga las ;

Plate 17 (transcription)

[fol. 43v]
{HD. DEL SIGNO +}
{CB2.
{RUB. Dela piedra que a nombre calcant.}
{IN10. {MIN=.}} DEl dezeno grado de-
(El dezeno grado de)l
signo de uirgo; es la
piedra quel dize<n> cal-
cant. Et esta es una
delas maneras de aze-
che que ya nombra-
mos. verde es de color.
& dizen le en griego;
guielketiz. Esta ma-
nera de azech se suelue enel agua. & es de mas sotiles
partes delos elementos; que no la otra que dixiemos
aque llaman calcatar. Et alas uezes fallan esta piedra foias una sobrotra; & esto contece por que se ca-
mia a muy luengos tiempos. Et atal piedra como esta; llaman azech de los cortidores. & ay dello que se faz
de gotas que cayen en su minera; & a esta dizen alca-
tar. Et ay otro que se faze dela minera misma. & esta es
fallada en la tierra aque llaman en griego ezfama;
q<ue> quier dezir espanna. Et otrossi ay dello que es de fea
color & muy flaco en si. & si lo mezclan con agua & lo cu-
ezen. & desi lo echare<n> en un uaso & lo pusieren al ayre &
al sol. & lo dexaren y estar gra<n>d tiempo; quaia se & faze
se dello piedras. & las meiores dellas son; las que tira<n>
a color dac'ul. Et este azech es (^claro & limpio) [^limpio & claro] de color;
& mas pesado que los otros azeches. pero a parte co<n> todos
ellos en la[^s] p<ro> priedades que an; saluo ende que estrinne
mas. de manera que por aquel estrinnimiento; recibe
en si ya quanto de amargor. & por esto enxuga las hu-
midades dela carne mas que ninguna manera delos
otros azeches. & ayunta las cosas desayuntadas. & es
mas sotil que el otro azech q<ue> dize<n> calcatar & co<n> menos
agudez. & presta mucho alos dientes que se mecen ca
los aprieta & faze los firmes. & aun lo meten en las me-
lezinas que fazen pora tennir los cabellos prietos. Et
el cruo destos calcatares; es meior que el quemado. Et
las dos estrellas. la que cata a medio dia & la otra me-
diana delas tres que son en la linna derecha que sigue<n>
al t<r>i`angulo que es enel dragon. an poder en esta piedra
& dellas recibe la fuerc'a & la uertud. Et quando estas
amas son enel ascen[den]te; muestra esta piedra mas co<m>-
plida miente sus obras.}
{CB2.

{=DIAG.}

{RUB. Dela piedra aque dizen calcant.}

{IN10. {MIN=.}} DEl .xio`. grado del sig-no de uirgo es la pi-edra quel dizen cal-cant. & es otrossi la quarta manera de azech que auemos dicho. Blanco es de color & dizen le en a-rauigo xehera. que quier tanto dezir en este lenguaie apuramiento. Et en griegol dizen melytria. Et este es en cosas mas preciado q< ue> el calca-(calca)diz; & el otro en cosas mas que el; & assi se camia< n> muchas uegadas duna manera en otra. pero esta q< ue> es de color blanca; es mas lig< er> a de soluer que los otros; por que es de mas sotil sustancia. Et ay dello q< ue> falla< n> en su minera fecho piedra. & las mijores dellas so< n> las q< ue> (las que) fallan en la tierra que es dicha calybia. pero falladas son en otro logar. Et las meiores dellas. son las que an color de sufre amariello. & que es bla< n> do & limpio. & que (que) quando lo echan enel agua; dene-gresce luego ca esto a ella por p< ro> priedat. mas en todas las otras cosas se acuerda con los otros azeches. Et faze aun mas que si diere< n> a comer o a beuer dello co< n> agua; mata los gusanos q< ue> se fazen enel uie< n> tre por enferme-dat; & faze los camiar. Et otrossi presta mucho co< n> tral tossico que uiene de parte delos fongos. & de mas qui lo mezcla co< n> agua. & lo gotea enla nariz; purga las}

Plate 18

& cuenta desta sennal en los grados dela armiella quanto la ladeza de aquella planeta; faza ala parte do fuer la ladeza. si fuer septentrional; contaras escalantra septentrion. & si fuer meridional; contaras faza a medio dia. Et alli do se acabar la cuenta a qual parte quier que sea; pornas hy una sennal en la armiella. & cataras en que logar cae esta sennal enell alhidada; & pornas hy otra sennal. o si tanniere en ell alhidada. & esta sennal sera el cuerpo dela planeta. Et despues sabras el logar del sol. & pornas en el zodiaco en el su grado; una sennal. & mueue la alhidada fasta que pares esta sennal del grado del sol en ell orizon occidental. et cata aquella sennal que pusieste en ell alhidada por el cuerpo dela planeta. & si la fallares que acaesce que es en medio dell alhidada que es de suso; manifiesto sera que aquella planeta non sube en aquella noche. que ya subio de dia. Mas si aquella sennal non fallares en la meytad dela alhidada de suso & quisieres saber en que hora sube aquella planeta en aquella noche; cata qual delos grados dell equinoctio acaescio en ell orizon oriental. & pon hy sennal en ell equinoctio. & mueue ell alhidada escalantra occidente fasta que se pare la sennal que pusieste por el cuerpo dela planeta en ell orizon oriental. & cata qual delos grados dell equinoctio se paro en ell orizon oriental & pon hy otra sennal en ell equinoctio. & cuenta dela una sennal dell equinoctio fasta la otra. & lo que fuer; parte lo por .xv. & lo que ende saliere; seran horas & fractiones de hora. & diras que a tantas horas de aquella noche sube aquella planeta en aquella uilla. & estas horas seran eguales. ¶ Et si lo quisieres saber por la horas non eguales lo que fallieste delos grados dell equinoctio entre la una sennal & la otra; parte lo por la cuenta delos grados de una hora non egual de aquella noche. & lo que saliere; seran horas non eguales & fractiones de hora. & diras que en tantas horas non eguales; sube aquella planeta en aquella noche en aquella uilla. Capitolo .xlv. De saber en qual hora se pone la luna & qual quier otra planeta delas cinco en qual noche quisieres & en qual uilla quisieres.

Quando esto quisieres saber en ell alhidada; faras la sennal del cuerpo dela planeta en ell alhidada segund lo auemos dicho en el capitolo que es ante deste. Et despues pon en el zodiaco en el grado del sol; una sennal. & mueue ell alhidada fasta que se pare esta sennal del sol en ell orizon occidental. Et manifiesto es que si aquella planeta se ouiere de poner en aquella noche; que la su sennal acaescera en el medio de suso dell alhidada. Et si quisieres saber en que hora se porna; cata qual delos grados dell equinoctio se paro en ell orizon oriental. & pon hy en ell equinoctio sennal dela planeta en ell orizon occidental. & cata qual delos grados dell equinoctio acaescio en ell orizon oriental. & pon hy sennal en ell equinoctio otrossi. & cuenta dela una sennal ala otra. & lo que fuer parte lo por .xv. & lo que fuer; parte lo por .xv. & lo que ende saliere. seran horas & fractiones de hora. & di que en tantas horas de aquella noche se porna aquella planeta en aquella noche & en aquella uilla. & diras otrossi que tantas horas dura aquella planeta paresciendo en aquella noche en aquella uilla. & estas horas seran eguales. ¶ Et si lo quisieres saber por las horas non eguales; parte la cuenta de los grados del equinoctio que fallieste entre la una sennal & la otra por los grados de una hora non egual de aquella noche. & lo que

Plate 18 (transcription)

[fol. 34r]

{HD. ESPERA}

{CB2.

& cuenta desta sennal en los grados dela armiella quanto la ladeza de aquella planeta; faz ala parte do fuer la ladeza. si fuer septentrional; contaras escuantra septentrion. & si fuer meridional; contaras faz a medio dia. Et alli do se acabar la cuenta a qual parte quier que sea; pornas hy una sennal en la armiella. & cataras en que logar cae esta se< n >nal enell Alchora; & pornas hy otra sennal. o si tannier en ell Alchora. & esta sennal sera el cuerpo dela planeta. Et despues sabras el logar del sol. & pornas en el zodiaco en el su grado; una sennal. & mueue la alchora hata que pares esta sennal del grado del sol en ell orizon occidental. et cata aquella sennal que pusieste en ell Alchora por el cuerpo dela planeta. & sila fallares que acaescio que es en medio dell Alchora que es de suso; manifiesto sera que aquella planeta non suue en aquella noche. que ya suuio de dia. Mas si aquella sennal non fallares en la meytad dela Alchora de suso. & quisieres saber en que hora suue aquella planeta en aquella noche; cata qual delos grados dell equinoctio acaescio en ell orizon oriental. & pon hy sennal en ell equinoctio. & mueue ell alchora escuantra occidente hata que se pare la sennal que pusieste por el cuerpo dela planeta en ell orizon oriental. & cata qual delos grados dell equinoctio se paro en ell orizon orie< n >tal & pon hy otra sennal en ell equinoctio. & cuenta dela una sennal dell equinoctio hata la otra. & lo que fuer; partelo por .xv. & lo que ende salier; seran horas & fractiones de hora. & diras que a tantas horas de aquella noche suuira aquella planeta en aquella uilla. & estas horas seran eguales. % Et silo quisieres saber por la[s] horas non eguales lo que falleste delos grados dell equinoctio e< n >trela}

{CB2.

una sennal & la otra; partelo por la cuenta delos grados de una hora non egual de aquella noche. & lo que salier; seran horas non eguales & fractiones de hora. & diras que en tantas horas non eguales; suura aquella planeta en aquella noche en aq< ue> -lla uilla. {RUB. Capitolo .xlvo`. De saber en q< ue> hora se pone la luna & qual quier otra planeta delas cinco en qual noche quisieres & en qual villa quisieres.}

{IN3.} Quando esto quisieres saber en ell Alchora; saca la sennal del cuerpo dela planeta en ell Alchora segund lo auemos dicho en el capitolo que es ante deste. Et despues pon en el zodiacho en el grado del sol; una sennal. & mueue ell alchora hata que se pare esta sennal del sol en ell orizon occidental. Et manifiesto es que si aquella planeta se ouicrc dc poner en aquella noche; quela su sennal acaesc'ra en el medio de suso dell Alchora. Et si quisieres saber en que hora se porna; cata qual delos grados dell equinoctio se paro en ell orizon oriental. & pon hy en ell equinoctio sennal dela planeta en ell orizon occidental. & cata qual delos grados del equinoctio acaescio enell orizon oriental. & pon hy sennal en ell equinoctio otrossi. & cuenta dela una se< n> nal ala otra. & lo que fuer parte lo por .xv. (^& lo que fuer; partelo por .xv. &) [&] lo que ende salier; seran horas & fractiones de hora. & di que en tantas horas de aquella noche se porna aquella planeta en aquella noche & en aquella uilla. & diras otrossi que tantas horas dura aquella planeta parecida en aquella noche en aquella uilla. & estas horas seran eguales. % Et si lo quisieres saber por las horas non eguales; parte la cuenta de los grados del equinoctio que falleste entrela una sennal & la otra por los grados de una hora non egual de aquella noche. & lo que}

lamina et faras una sennal en el logar en ꝗ
cae la regla del cerculo de Cancro en la parte
de oriente. Et despues pon la regla en el lo
gar o se aiunta ell almocantarat de .xviij.
dela parte deponiente con el cerculo de Aries
7 libra. 7 passe la regla por el centro dela la
mina. 7 en qual logar cayer la regla dela par
te de oriente en el cerculo de Aries 7 libra el
sobredicho: faras y otra sennal. Et despues
pornas la regla otrossi en el logar o se aiun
ta ell almocantarat de .xviij. dela parte de
ponient con el cerculo de Cancro. 7 passa por
el centro dela tierra. 7 en qual logar cayer
la regla dela parte de oriente en el cerco de
Capricornio: faras y otra sennal tercera. Et
desende faras una pieça de cerculo que passe
por estas tres sennales sobredichas. et sera
essa pieça la linna del crepuscol dell alua. Et
en esta manera misma faras la linna del otro
crepuscol dela parte deponient. faziendo del
almucantarat de .xviij. que es en la parte
de oriente. assi cuemo feziste della: en la par
te deponient. Et esta es la figura desto ꝗ dire
mos.

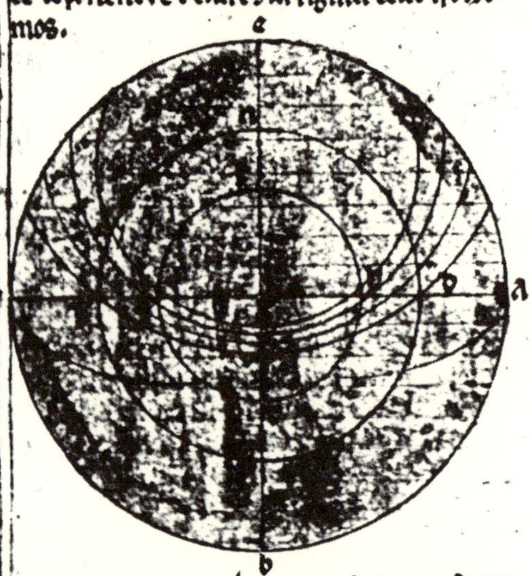

Capitolo dozeno. De cuemo se deuen fazer
las otras laminas dell astrolabio llano.

Depues que todas las laminas ꝗ qui
sieres fazer en ell astrolabio se fa
zen assi cuemo te mostramos fazer
en esta de que auemos fablado fata aqui

ni mas ni menos. 7 non se departen las u
nas delas otras si non en la ladeza. Et ma
damos de figurar aqui de cuemo estan to
das la sennales sobredichas en una delas la
minas del astrolabio. 7 mandamos la fazer
a la ladeza de Toledo. Et esta es su figura.

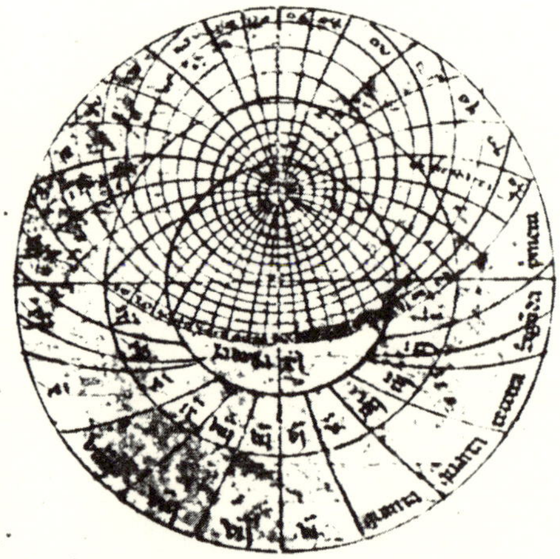

Capitolo .xiij. De cuemo deue seer fecha la
madre en que yazen todas las tablas del
astrolabio 7 la red.

Despues que auemos dicho 7 mostra
do de cuemo deuen seer fechas la red 7
las otras tablas: queremos aqui fablar de
cuemo deue seer fecha la madre dell astrolabio. 7 lla
man la assi porꝗ es mayor ꝗ todas las otras co
sas ꝗ son en ell astrolabio. 7 por ꝗ yazen encer
radas en ella. Et quando la quisieres fazer.
toma una armella de laton o de qual cosa qui
sieres. 7 sea tan alto el so canto de guisa ꝗ quepan
en ella todas las tablas. 7 la red ꝗ ouieres fecha.
Et sea ell espacio de dentro della: tamanno ꝗ quepa
en el la redondez delas tablas. 7 la anchez della
tamanna: ꝗ quepan en ella los .ccc. 7 lx. grados.
7 ell escripto del cuento dellas segund mostramos
en este exiemplo. Et faz la bien redonda 7 bien lluma
da. 7 bien egual de todos cabos. 7 dexa en ella el lo
gar dela siella dell astrolabio. 7 es o deue seer el col
gadero. Et faz en medio desta siella una linna de
rechа. 7 faz otrossi en medio della en el canto de
dentro dela armella un logar o ꝗpan los dientes

Plate 19 (transcription)

[fol. 69v]
{HD. LIBRO PRIMERO +}
{CB2.
lamina. & faras una sennal en el logar en q< ue>
cae la regla del cerculo de Cancro en la parte
de oriente. Et despues pon la regla en el logar o se ayunta ell almocantarat de .xviij.
dela parte deponente con el cerculo de Aries
& libra. & passe la regla por el centro dela lamina. & en qual logar cayer la regla dela parte de oriente en el cerculo de Aries & libra el
sobredicho; faras y otra sennal. Et despues
pornas la regla otrossi en el logar o se ayunta ell almocantarat de .xviij. dela parte deponent con el cerculo de Cancro. & passa por
el centro dela tierra. & en qual logar cayer
la regla dela parte de oriente en el cerco de
Capricornio; faras y otra sennal tercera. Et
desende faras una piec'a de cerculo que passe
por estas tres sennales sobredichas. et sera
essa piec'a la linna del crepuscol dell alua. Et
en esta manera misma faras la linna del otro
crepuscol dela parte deponent. faziendo del
Almucantarat de .xviij. que es en la parte
de oriente. assi cuemo feziste della; en la parte deponent. {RUB. Et esta es la figura desto q< ue> dixe-
mos}
{=DIAG.}
{RUB. Capitolo dozeno. De cuemo se deuen fazer
las otras laminas dell astrolabio llano.}
{IN3.} Sepas que todas las laminas q< ue> quisieres fazer en ell Astrolabio se fazen assi cuemo te mostramos fazer
en esta de que auemos fablado fata aqui}
{CB2.
ni mas ni menos. & non se departen las u-
nas delas otras si non en la ladeza. Et ma< n> -
damos te figurar aqui de cuemo estan todas la[s] sennales sobredichas en una delas laminas del Astrolabio. & mandamos la fazer
ala[^]ladeza de Toledo. {RUB. Et esta es su figura.}
{=DIAG. | p< r> i`mera |
Segu< n> da |
tercera |
quarta |
quinta |
.vja`. |

vija` |
viija` |
viiija` |
xa` |
xja` |
xija` |
ladeza xla` |}

{RUB. Capitolo .xiijo`. De cuemo deue seer fecha la madre en que yazen todas las tablas del astrolabio & la red.}

{IN3.} Despues que auemos dicho & mostrado de cuemo deuen seer fechas la red & las otras tablas; q< ue> remos aq< u> i` fablar de cuemo deue seer fecha la madre dell astrolabio. & llaman la assi por q< ue> es mayor q< ue> todas las otras cosas q< ue> son en ell Astrolabio. & por q< ue> yazen encerradas en ella. % Et quando la quisieres fazer; toma una armella de laton o de qual cosa quisieres. & sea tan alto el so canto de guisa q< ue> q< ue> pan en ella todas las tablas. & la red q< ue> ouieres fecha. Et sea ell espacio de dentro della; tamanno q< ue> quepa en el la redondez delas tablas. & la anchez della tamanna; q< ue> quepan en ella los .ccc. & lx. grados. & ell escripto del cuento dellas segund mostramos en este cap< ito> lo. Et faz la bien redonda & bien llimada. & bien egual de todos cabos. & dexa en ella el logar dela siella dell Astrolabio. & es o deue seer el colgadero. Et faz en medio [*d]esta siella una linna derecha. & faz otrossi en medio della en el canto de de< n> tro dela armella un logar o q< ue> pan los dientes}

ter

desde entre el palacio de fontemayor ... que va a calabaça fasta el ... e otra bozeria por el camino de ... que va ayuso pesa fasta la ... val de naual

no delas calceras de anadjnes.
Et commo va por val de casa
e sobre cabeça gorda fasta la
cañada delos canaleios e la cañada ayuso fasta la ygleiue-
la. Et son las armadas la
vna enlas nauas de anadj-
nes e la otra por la lesera q
va de naua frencida al ygle-
juela.

Arroyo bermeio e rascanoso e la
pezaleda e la fuzeque-
la es ado vn monte e es bue
de osso en yuierno. Et es
la bozeria desde las lesedas de
anadjnes por somo dela cubre
dela pezaleda assi como viene
fasta el arroyo de fontezuella e
arramesa el arroyo de fonte-
lla fasta en cuadrequia. Et
es el armada enla pezaleda

La ladera de naua fon-
fria e naua de la peña
e la cabeça del serrano
es buen monte de osso e de puerco en
yuierno. Et son las bozerias la v-
na por el camino dela cañada q
va de fontemayor ayuso pesa e la otra
por el cerro q va de naua solana
a naual can. Et son las armadas la
vna enla naua del salzeio e la otra
en naua gamosa

Lomo mediano es buen monte
de osso e de puerco en yuierno e enl comienço del termino.
Et son las bozerias por el portesuelo de
val de calabuças fasta el arroyo dela
fuente del sapo. Et son las armadas
por la cañada de naualas fasta la ve-
nta de maspino.

Quexigoso e quexigosillo es ado vn monte e es bue de osso e de puerco en yuierno
e enl comienço del termino. Et es la bozeria desde la dehesa de ... q es ala val de
quexigosillo e como viene entre la cabeça del camello fasta la val de quexigoso e desde fasta
la cabeça q esta asomante de sant ... Et son las armadas la vna de sale la lesera q viene
... quexigoso e quexigosillo desde ... de val de ... al maspino e otra armada enla en-
trada del ... e otra armada enla ... q esta entre quexigoso e ... agua

Plate 20 (transcription)

[fol. 156v]
{CB2.
delas cabec'as de anadjnos
% Et com<m>o va por val de casa
& sobre cabec'a gorda fasta la
can˜ada delos cauall<er>os & la ca-
n˜ada ayuso fasta la ygleiue-
la {AD. [ˆ[???] [*d]esde cabo el palac'io de fontanar<e>s
[???] [*cam]jno q<ue> ua a talauera fasta el rrio
[??? ??]rua & otra boz'<er>ia por el camjno de
[??? ??]nda q<ue> ua a oro pesa fasta la boca
[??? ??]da de tietar]} % Et son las armadas la
vna enlas nauas de anadj-
nos & la otra por la vereda q<ue>
ua de naua forcada al ygle-
juela

{IN2.} (ˆ2???) [ˆ2Arroyo bermeio & cascaioso & la
pe]raleda & la figerue-
la es todo vn mo<n>te & es bu<en>o
de osso en yuierno % Et es
la boz'<er>ia desde las veredas de
anadjnos por somo dela cu<n>bre
dela peraleda asi com<mo> tiene
fasta el arroyo de forq<u>i`ella &
atrauiesa el arroyo de forq<u>i`e-
lla fasta en guadierua % Et
es el armada enla peraleda}
{CB2.
{IN3.} (N)[L]a ladera de naua forcada & maiada la perra
& la cabec'a del serrano
es bue<n> mo<n>te de osso & de puer`co e<n>
yuier`no Et son las boz'<er>ias la v-
na por el camjno dela can˜ada q<ue>
va de fontanares a oro pesa & la ot<r>a`
por el c'erro q<ue> va de naua solana
a naual can Et so<n> las armadas la
vna enla naua del salz'eio & la ot<r>a`
en naua gamosa

{IN2.} (ˆ2???) [ˆ2Lomo mediano es bue<n> mo<n>te
de osso & de puer`co en yui-
erno & en<e>l comien(˜)c'o del berano
Et son las boz'<er>ias por el portiz'uelo de
val de calabac'as] fasta el arroyo dela
fuente del sapo Et son las armadas

por la can˜ada de maiadas fasta la Re-
tuer`ta de marrupe

{AD. [^{IN2.} Quexigoso & q< ue> xigosillo es todo vn mo< n> te & es bu< en> o de osso & de puer`co en yuierno
& en< e> l comie< n> c[']o del verano Et es la boz'eria desde la dehesa de ceru< er> a q< ue> es ala boca de
quexigosillo & com< m> o viene entre la cabec[']a del camello fasta la boca de q< ue> xigoso & dende fasta
la cabec'a q< ue> esta asoma< n> te de san< c> t rroma< n> Et so< n> las armadas la vna do sale la vereda q< ue> viene/.
entre q< ue> xigoso & q< ue> xigosillo desde s< an> c< t> a m< ari> a` de val de le< n> guas al marrupe & otra armada enla ca-
bec'a del moio< n> & otra armada enla c'erca q< ue> esta entre q< ue> xigoso & mo< n> te agudo]}}

Plate 21

Plate 21 (transcription)

[fol. 30v]
{CB2.
[...]}
{CB2.
[???] et alc'alas po-
[?? ???] quisieres obrar conestas estrellas [??]
[??]
{DIAG.}
[???]
[???]
[???]
[???]
[???]
[???]
[???]
[???]
[???]
[???]
[???]
[???]
[???]
[???]
[???]
[???]
[???]
[???]
[???]
[???]
[???]
[???]
[???]
[???]
[???]
[???]
[???]
[???]}

lla ella mal con mis caſtigos: que vno enla cama. ⁊ o-
tro enla puerta: ⁊ otro q̃ ſoſpira por ella en ſu caſa ſe
precia de tener. ⁊ con todos cumple: ⁊ a todos mue-
ſtra buena cara: ⁊ todos piẽſan que ſon muy q̃ridos:
⁊ cada vno piẽſa que no ay otro: ⁊ que el ſolo es pri-
uado: ⁊ el ſolo es el que le da lo q̃ ha meneſter. ⁊ tu pi-
enſas q̃ con dos que tẽgas q̃ las tablas dela cama lo
han de d̃ſcobrir. De vna ſola gotera te mãtienes: no
te ſobraran muchos mãjares. no q̃ero arrendar tus
eſgamoches. nũca vno me agrado. nunca en vno pu-
ſe toda mi aficion. mas pueden dos: ⁊ mas quatro: ⁊
mas dan: ⁊ mas tienẽ: ⁊ mas ay en q̃ eſcoger. no ay co
ſa mas perdida hija q̃ el mur que no ſabe ſino vn̄ ho
rado. ſi aquel le tapã no haura donde ſe eſconda del
gato. Quiẽ no tiene ſino vn ojo: mira a quanto peli
gro anda. vna alma ſola ni canta ni llora. vn ſolo acto
no haze habito. vn frayle ſolo pocas vezes le encon-
traras por la calle. vna perdiz ſola por marauilla bu
ela: mayormẽte en verano. Que quieres hija de eſte
numerõ de vno: mas inconueniẽtes te dire d̃l q̃ años
tengo acueſtas. Ten ſi q̃era dos que es cõpañia loa-
ble. ⁊ tal qual es eſte. Sube hijo parmeno. Are. no ſu
ba lãdre me mate: q̃ me ſino de empacho q̃ no le co-
nozco. ſiẽpre houe verguença del. Ce. aq̃ eſto yo q̃ te
la quitare: ⁊ cobrire: ⁊ hablare por entramos: que o-
tro tan empachado es el. Par. ſeñora dios ſalue tu
gracioſa p̃ſencia. Are. gentil hõbre buena ſea tu veni
da. Ce. llega te aca aſno adõde te vas alla aſſentar al
rincon. no ſeas emachado: que al hombre vergonço
ſo el diablo le traxo a palacio. Oyd me entrãbos lo

[fol. 49r]
{CB1.
ella mal con mis castigos: que vno enla cama. & o-
tro enla puerta: & otro q< ue> sospira por ella en su casa se
precia de tener. & con todos cumple: & a todos muestra buena cara: & todos pie< n> san que son muy q< ue> ridos:
& cada vno pie< n> sa que no ay otro: & que el solo es pri-
uado: & el solo es el que le da lo q< ue> ha menester. & tu pi-
ensas q< ue> con dos que te< n> gas q< ue> las tablas dela cama lo
han de d< e> scobrir. De vna sola gotera te ma< n> tienes: no
te sobraran muchos ma< n> jares. no q< u> i`ero arrendar tus
esgamoches. nu< n> ca vno me agrado. nunca en vno pu-
se toda mi aficion. mas pueden dos: & mas quatro: &
mas dan: & mas tiene< n> : & mas ay en q< ue> escoger. no ay cosa mas perdida hija q< ue> el mur que no sabe sino vn ho-
rado. si aquel le tapa< n> no haura donde se esconda del
gato. Quie< n> no tiene sino vn ojo: mira a quanto peligro anda. vna alma sola ni canta ni llora. vn solo acto
no haze habito. vn frayle solo pocas vezes le encon-
traras por la calle. vna perdiz sola por marauilla bu-
ela: mayorme< n> te en verano. Que quieres hija de este
(un)[nu]mero de vno: mas inconuenie< n> tes te dire d< e> l q< ue> an~os
tengo a cuestas. Ten si q< u> i`era dos que es co< m> pan~ia loa-
ble. & tal qual es este. Sube hijo parmeno. Are< usa> . no suba la< n> dre me mate: q< ue> me fino de empacho q< ue> no le co-
nozco. sie< m> pre houe verguenc'a del. Ce< lestina> . aq< u> i` esto yo q< ue> te
la quitare: & cobrire: & hablare por entramos: que o-
tro tan empachado es el. Par< meno> . sen~ora dios salue tu
graciosa p< re> sencia. Are< usa> . gentil ho< m> bre buena sea tu veni-
da. Ce< lestina> . llega te aca asno ado< n> de te vas alla a ssentar al
rincon. no seas em[p]achado: que al hombre vergonc'o-
so el diablo le traxo a palacio. Oyd me entra< m> bos lo}
{CW. g ij}

Sancti ___ spiritus ___

Este es el prologo del Libro del fuero de
las leyes que fizo el noble don Alffonso
Rey de Castiella de Toledo de Leon de Gal
lizia de Seuilla de Cordoua de Murcia
de Jahen e del Algarue. q fue fijo del muy
noble Rey don Ferrando e de la muy no
ble Reyna dona Beatriz e començo lo el
quarto anno q Regno. en el mes de Junio.
en la vigilia de sant Iohn babtista. q fue
en Era de mill e dozientos e Nouaenta e
quatro annos e acabo lo en el tercero an
no q regno. en el mes de Agosto. en la ui
espera desse mismo sant Iohn babtista q
[illegible] fue martiriado. en Era de mill e trezi
[illegible] e tres annos. ___

dios deue omme [illegible]
[illegible] e poner primeramien
tre. en todos los bue
nos fechos q omme a
comencar. ca el es co
mienço [illegible]
acabamiento de todo bien.
[illegible]

assi ___ nobis ___ gracia e
entendimiento de los omnes son departidos
en muchas maneras: por ende los fechos
e las obras dellos ne acuerdan en uno. Et
desto nascen grandes contiendas e mu
chos otros males por las tierras. Por que
conuiene a los Reyes que an a tener e a
guardar sus pueblos en paz e en iusticia
que fagan leyes e posturas e fueros. por q
el desacuerdo que han los omnes naturalmi
entre entressi: se aduerte por fuerça de dere
cho. assi q los buenos uiuan bien e en paz
e los malos sean escarmentados de sus mal
dades. E por ende nos el sobredicho Rey don
Alffonso entendiendo e ueyendo los gran
des males que nascien e se leuantauan en
tre las gentes de nuestro senorio. por los mu
chos fueros que usauan en las uillas et
en las tierras q eran contra dios e contra
derecho: assi que los unos se iudgauan por
fazannas desaguisadas e sin razon e los
otros por libros minguados de derecho e a
un aquellos libros tajen e escriuien [illegible] q
los semeiaua. a pro dellos [illegible] de los
pueblos. tolliendo a los Reyes su poderio e
sus derechos e tomando lo pora si lo q
no deuie seer fecho en ninguna manera. Et
por todas estas razones minguaua se la ius
ticia e el derecho. por q los que auien de iud
gar los pleytos. no podien en derecho ni con
plidamientre dar los iuyzios. ante los da
uan auentura e a su uoluntad. e los que
reçibien el danno non podien auer iusticia
[illegible] assi commo deuien. Onde nos
por tollet todos estos males q dicho auemos
fiziemos estas leyes que son escriptas en
este libro a seruicio de dios e a pro comu
nal de todos los de nuestro senorio. por que
conoscan e entiendan ciertamientre el de
recho: e sepan obrar por el e guardar se de
fazer yerro por que no cayan en pena. Et to
maremos las de los buenos fueros e de las
buenas costumbres de Castiella e de Leon
e del derecho q fallamos que es mas comu
nal e mas prouechoso pora las gentes en

Plate 23 (**transcription**)

[fol. 1r]
{HD. {IN1.} Sancti spiritus assit nobis gracia.}
{CB2.
{MIN=.}
{RUB. {IN1.} [E]ste es el prologo del Libro del fuero de
las leyes que fizo el noble don Alffonso
Rey de Castiella de Toledo de Leon de Gallizia de Seuilla de Cordoua de Murcia
de Jahen & del Algarue; q<ue> fue fijo del muy
noble Rey don ferrando. & de la muy noble Reyna do<n>na Beatriz. & comenc'o lo el
q<u>a`rto anno q<ue> Regno. en el mes de Junio.
en la vigilia de sant Joh<a>n babtista. q<ue> fue
en Era de mill & dozientos. & Nouaenta &
quatro annos. & acabo lo en el trezeno anno q<ue> regno. en el mes de Agosto. en la ui-
espera desse mismo sant Joh<a>n babtista q<u>a`n-
do fue martiriado. en Era de mill & trezi-
entos. & tres annos.}
{IN7.} A dios deue omne adela<n>-
tar & poner p<r>i`merami-
entre. en todos los bue-
nos fechos q<ue> quisiere
comenc'ar. Ca el es co-
mienc'o & fazedor & aca-
bamiento de todo bie<n>.
[*^2por el se<n>nor] don Alffonso fijo del muy
[*^2noble rey] don ferrando & de la muy no-
[*^2ble rrey][na] [*^2do<n>n]a beatriz. Regnando en
[*^2castilla en toledo] en Leon en Gallizia en
[*Seuilla] [*^2en cordoba] en Murcia en Jahen &
[*^2en los algarves] Comenc'amos este libro en
[*^2el no<m>bre del] padre. & del fijo & del sp<irit>u s<an>c<t>o
[que son] [*^2tres p<er>so]nas & un dios uerdadero. & de-
[*zimos assi.] Por q<ue> las uoluntades & los en-tendimientos}
{CB2.
delos omnes son departidos
en muchas maneras; por ende los fechos
& las obras dellos no acuerdan en uno. &'
desto nascen grandes contiendas. & muchos otros males; por las tierras. Por que
conuiene a los Reyes que an a tener & a
guardar sus pueblos en paz & en iusticia;
que fagan leyes & posturas & fueros. por q<ue>
el desacuerdo que han los om<ne>s naturalmi-
entre entressi; se acuerde por fuerc'a de derecho. Assi q<ue> los buenos uiuan bien & en paz

& los malos sean escarmentados de sus ma`ldades. E por ende nos el sobredicho Rey do< n> Alffonso entendiendo & ueyendo los grandes males que nascien & se leuantauan e< n>tre las gentes de n< uest> ro se< n> norio. por los muchos fueros que usauan en las uillas et en las tierras q< ue> eran contra dios & contra derecho; assi que los unos se yudgaua< n> por fazannas desaguisadas & sin razon. & los otros por libros minguados de derecho. & aun aquellos Libros rayen & escriuien y lo q< ue> les semeiaua. a pro dellos. & a danno delos pueblos. tolliendo a los Reyes su poderio & sus derechos. & tomando lo porassi; lo q< ue> no< n> deuie seer fecho en ni< n> guna manera. &' por todas estas razones minguaua se la iusticia & el derecho. por q< ue> los que auien de yudgar los pleytos. no< n> podien en cierto ni< n> conplidamientre dar los iuyzios. ante los dauan a uentura. & a su uoluntad. & los que recibien el da< n> no non podien auer iusticia ni emienda; assi cuemo deuien. Onde nos por toller todos estos males q< ue> dicho auemos fiziemos estas leyes que son escriptas en este libro a seruicio de dios & a pro comunal de todos los de n< uest> ro sennorio. por que co< n> noscan & entiendan ciertamientre el derecho. & sepan obrar por el. & guardar se de fazer yerro por que no cayan en pena. &' tomamos las de los buenos fueros & de las buenas costumbres de Castiella & de Leon & del derecho q< ue> fallamos que es mas comunal & mas prouechoso pora las gentes en}

possessiõ del castiello menor et
establio lo bié de uiandas et
de cõpanyas et torno sende cõ
sus huestes en valencia.
mo [illegible] el castiello de
biar et el lugar de Castiella et
apres todos los lugares del
Regno de valencia [illegible]
[illegible] en la frõtera del lug
Estando el rey en valen [no]
cia vinierõ al rey dos [de]
moros de viar amigos [mi]
cada vno de passados .l. any
os et dixeron al rey que si el q̃
rie yr a biar el qual era el mi
llor castiello de aq̃lla frõtera
q̃ ellos gelo darié por q̃ ellos
erã delos mayores hombres
et mas bié enparétados dela
villa de aq̃llos qui lo podrien
bien fazer et que sabié de cierto
que assi como vidiessen al rey
la cosa se farie. El rey les res
puso que se tornassen a biar
et que el sie a xatiua cõ vna
partida de sus caualleros et
que ellos viniessen a xatiua
con cierto ardit si la cosa se po
dia fazer o nõ. pues el rey fue
en xatiua pora el dia assigna
do et vino a el el vno de aq̃llos
dos moros et el rey le dixo q̃
era lo que auien fecho et como
nõ era venido su cõpanyon. El
moro respuso senyor sepades

que todos los moros de biar
an atorgado todo el fecho et
mi cõpanyon es fincado por
tal que quando vos seades a
lla et vos acostedes al castiello
que el faga venir todos los
moros en vr̃a p̃sencia et a vr̃a
merced. El rey dius fiança de
aq̃llas palauras et por que
nũca moro alguno le auie q̃
brantada la fe q̃le p̃metiesse
por razõ de castiello nĩguno
q̃le huuiesse p̃meso sino fue
al adrax cõ el fecho de Rogat.
fue a biar et quando fue alla tro
bo que todos los moros eran
sallidos de fuera cõ armas et
dixo el rey al moro q̃ se acos
tasse a ellos et q̃les dixiesse co
mo el era alli. Et ellos dixierõ
al moro q̃ no q̃rien fablar cõ
el et si se acostaua a ellos serie
ferido o muerto. pues el rey
estuuo alli tres o .iiij. dias de aq̃
lla parada por do hombre vinie
de onturyen a biar de aca del a
gua et despues mudo se en vn
cabeço que es sobre biar enta
la part de castiella et fue aq̃sto
passada la fiesta de sant miguel
et fizo alli bastir vnas casas
pora el et los otros començarõ
de bastir casas et barreras. Et
estuuo alli bien .ij. meses et
entretanto fizo fazer vn enge

Plate 24 (transcription)

[fol. 402v]
{CB2.
poss<ess>io<n> del Castiello menor et
establio lo bie<n> de uiandas et
de co<m>panyas et torno sende co<n>
sus huestes en valencia. {RUB. Co<m>-
mo huuo el Rey el castiello de
biar et el lugar de Casteilla et
apres todos los lugares del
Regno de valencia del rio de
vcar e<n>tro ha la fro<n>tera del reg-no +}
{IN3.} Estando el Rey en valen-cia {RUB. +}
viniero<n> al Rey dos {RUB. de +}
moros de viar antigos` {RUB. m-ur-cia. +}
cada vno de passados .l. any-os {RUB. +}
et dix<er>on al Rey que si el q<ue>-rie {RUB.}
yr a biar el qual era el mi-
llor Castiello de aq<ue>lla fro<n>tera
q<ue> ellos gelo darie<n> por q<ue> ellos
era<n> delos mayores hombres
et mas bie<n> enpare<n>tados dela
villa de aq<ue>llos qui lo podrien
bien fazer et que sabie<n> de cier`to
que assi como vidiessen al Rey
la cosa se farie / El Rey les respuso que se tornassen a biar
et que el s<er>ie a xatiua co<n> vna
partida de sus Caualleros et
que ellos viniessen a xatiua
con cierto ardit si la cosa se podia fazer o no<n> pues el Rey fue
en xatiua pora el dia assigna-
do et vino ael el vno de aq<ue>llos
dos moros et el Rey le dixo q<ue>
era lo que auien fecho et como
no<n> era venido su co<m>panyon El
moro respuso senyor sepades}
{CB2.
que todos los moros de biar
an atorgado todo el fecho et
mi co<m>panyon es fincado por
tal que quando vos seades a-
lla et vos acostedes al Castiello
que el faga venir todos los
moros en v<uest>ra p<re>sencia et a v<uest>ra
mercet El Rey dius fianc'a de
aq<ue>llas palauras et por que

nu<n>ca moro alguno le auie q<ue>-
brantada la fe q<ue>le p<ro>metiesse
por Razo<n> de Castiello ni<n>guno
q<ue>le huuiesse p<ro>meso sino fue
a ladraz en<e>l fecho de Rogat.
fue a biar et quando fue alla tro-
bo que todos los moros eran
sallidos de fuera co<n> armas et
dixo el Rey al moro q<ue> se acos-
tasse aellos et q<ue>les dixiesse como el era alli / Et ellos dixiero<n>
al moro q<ue> no q<ue>rien fablar co<n>
el / et si se acostaua aellos serie
ferido & muerto / Pues el Rey
estuuo alli tres o .iiijo`. dias de aq<ue>-
lla p<ar>tida por do hombre vinie
de ontinyen a biar de aca del a-
gua / et despues mudo se en vn
Cabec'o que es sobre biar enta
la part de Castalla et fue aq<ue>sto
passada la fiesta de sant migel
et fizo alli bastir vnas Casas
pora el et los otros come<n>c'aro<n>
de bastir casas et barreras / Et
estuuo alli bien .ij. meses / et
entretanto fizo fazer vn enge-nyo}

Cronica de los conqueridores II (Madrid: Nacional, 10134bis) 402v

Mostrar primeramientre q̃ quier dezir
Priuilegio. ⁊ en quales cosas han las e
glesias priuilegio. ⁊ quales omnes pu
ede la eglia emparar por razon de su pri
uilegio: ⁊ quales no. E q̃ pena deuen a
uer los q̃ crebantan tal priuilegio cue
mo este. L. ij. Q̃ quier dezir priuilegi
o. ⁊ en q̃ cosa es la eglia priuilegiada.

Priuilegio tanto quier dezir:
cuemo ley apartada. q̃ es dada
sennaladamiẽtre por onrra o
por pro de algunos omnes o logares: ⁊
no por todos comunalmiẽtre. E por q̃
la eglia es casa de dios segund dize en
la ley ante desta: por ende ha priuilegio.
mas q̃ las otras casas de los omnes. ⁊ sẽ
naladamientre en estas cosas: q̃ no de
ue seer apremiada de ningun pecho: ni
dotro embargo. ni deuen en ella ni en sus
cimiterios iudgar los pleytos seglares.
⁊ mayormientre los q̃ fueren de iustici
a. por q̃ serie contra razon ⁊ cruel cosa
de iudgar los omnes a muerte o a lisió
en el logar q̃ es establecido pora guardar
⁊ emparar todos los q̃ y uinieren. ni de
uen soterrar los muertos dentro en el
la segund dize en el Titulo de los sot
ramientos. ni deuen los legos estar
con los cligos en el coro quando dizẽ
las horas ⁊ mayormientre a la missa. ⁊
esto es por q̃ las puedan dezir mas sin
embargo ⁊ con mayor deuocion. ni deuẽ
estar los legos ni las mugieres aderre
dor del altar quando dixieren la missa.
mas pueden estar por los otros logares
del eglia los uarones a una parte ⁊ las
mugieres a otra. Otrossi ninguna mu
gier no se deue llegar al altar. ni seruir
al cligo mientre dixiere la missa en ni
guna cosa. ni estar a las horas de las gra
das del altar adelante. pero quando q̃
sieren comulgar o fazer oracion o ofre
çer bien pueden llegar se fasta cerca del
altar. L. iij. Quales omñs puede empa
rar la eglia ⁊ en q̃ manera.

Franqamiento ha la eglia ⁊ su
cimiterio. en otras cosas demá
de las q̃ dize en la ley ante des
ta. Ca todo omne q̃ fuxiere a ella por
mal q̃ ouiesse fecho: o por debda q̃ deui
esse o por otra cosa qual quier. deue y
seer emparado. ⁊ nol deuen ende sacar
por fuerça. ni matar le. ni dar le pena
ninguna en el cuerpo. ni cercar le aderr
edor de la eglia ni del cimiterio. ni ue
dar q̃ nol den a comer ni a beuer. E este
emparamiento se entiende q̃ deue seer
fecho en la eglia ⁊ en sus portales. ⁊ en
el cimiterio. fueras en las cosas senna
ladas q̃ dize en la tercera ley despues des
ta. Y a aql q̃ y estudiere encerrado. los cli
gos le deuen dar a comer ⁊ a beuer ⁊ gu
ardar le quanto pudieren q̃ no reciba
muerte ni danno en el cuerpo. E aqllos
q̃l quisieren sacar por auer derecho del
yerro q̃ fizo. si dieren segurança ⁊ fiado
res a los cligos q̃ nol fagan mal ningu
no en el cuerpo. o si no los pudierẽ dar
q̃ iuren esto mismo seyendo atales om
nes de quien sospechassen q̃ guardarian
en su iura: estonce pueden lo sacar de
la eglia pora fazer emienda de pecho se
gund las leyes mandaren. Y si no oui
esse de q̃ pechar la malfetria. q̃ sirua por
ella tanto tiempo. quanto el iudgador
touiere por bien segund razon. Mas
por el debdo q̃ deuiesse. no deue seruir
ni seer preso de ninguno. pero deue dar
segurança la mayor q̃ pudiere. q̃ quã
do ouiere alguna cosa: q̃ pague lo que
deuiere. L. iiij. Cuemo deuen fazer qua
sieruo dalguno fuyere a la eglia.

Sieruo de alguno fuyendo a la egli
a por miedo de su sennor deue
seer emparado en ella segund
dize en la ley ante desta. pero si el senor
diesse fiador o iurasse q̃ nol fiziesse mal
ninguno deuen los cligos sacar le de la
eglia magar el no quisiesse salir ⁊ dar
gelo. E si los cligos no lo quisiessen fazer

[fol. 80r]
{CB2.
mostrar primeramientre q<ue> quier dezir
Priuilegio. & en quales cosas han las e-
glesias priuilegio. & quales omnes puede la egl<es>ia emparar por razon de su priuilegio; & quales no. E q<ue> pena deuen a-
uer los q<ue> crebantan tal priuilegio cue-
mo este. {RUB. L<ey> .ija`. Q<ue> quier dezir priuilegi-
o. & en q<ue> cosa es la egl<es>ia priuilegiada.}
{IN3.} (^H)[^P]riuilegio tanto quier dezir;
cuemo ley apartada. q<ue> es dada
sennaladamie<n>tre por onrra o
por pro de algunos omnes o logares; &
no por todos comunalmie<n>tre. % E por q<ue>
la egl<es>ia es casa de dios segund dize en
la ley ante desta; por ende ha priuilegios.
mas q<ue> las otras casas de los omnes. & se<n>-
naladamientre en estas cosas; q<ue> no deue seer apremiada de ningun pecho; ni
dotro embargo. ni deuen en ella ni en s<us>
cimiterios yudgar los pleytos seglares.
& mayormientre los q<ue> fueren de iustici-
a. por q<ue> serie contra razon & cruel cosa
de yudgar los omnes a muerte o (^e)[^a] lisio<n>
en el logar q<ue> es establecido pora guardar
& emparar todos los q<ue> y uinieren. ni deuen soterrar los muertos dentro en ella segund dize en el Titulo de los sot<er>-
ramientos. ni deuen los legos estar
con los cl<er>igos en el coro quando dize<n>
las horas & mayormientre ala missa. &
esto es por q<ue> las puedan dezir mas sin
embargo & con mayor deuocion. ni deue<n>
estar los legos ni las mugieres aderre-
dor del altar quando dixieren la missa.
mas pueden estar por los otros logares
del egl<es>ia los uarones a una parte & las
mugieres a otra. Otrossi ninguna mugier no se deue llegar al altar. ni seruir
al cl<er>igo mientre dixiere la missa en ni<n>-
guna cosa. ni estar alas horas de las gra-
das del altar adelante. pero quando q<u>i`-
sieren comulgar o fazer oracion o ofre-
c'er bien pueden llegar se fasta cerca del
altar. {RUB. L<ey> .iija`. Quales om<ne>s puede empa-
rar la egl<es>ia. & en q<ue> manera.}}

{CB2.

{IN3.} Franq<ue>amiento ha la egl<es>ia & su cimiterio. en otras cosas demas` de las q<ue> dize en la ley ante desta. Ca todo omne q<ue> fuxiere a ella por mal q<ue> ouiesse fecho; o por debda q<ue> deuiesse o por otra cosa qual quier. deue y seer emparado. & nol deuen ende sacar por fuerc'a. ni matar le. ni dar le pena ninguna en el cuerpo. ni cercar le aderredor de la egl<es>ia ni del cimiterio. ni uedar q<ue> nol den a comer ni a beuer. E este emparamiento se entiende q<ue> deue seer fecho en la egl<es>ia & en sus portales. & en el cimiterio. fueras en las cosas sennaladas q<ue> dize en la tercera ley despues desta. &' a aq<ue>l q<ue> y estudiere encerrado. los cl<er>igos le deuen dar a comer & a beuer & guardar le quanto pudieren q<ue> no reciba muerte ni danno en el cuerpo. E aq<ue>llos q<ue>l quisieren sacar por auer derecho del tuerto q<ue> fizo. si dieren seguranc'a & fiadores a los cl<er>igos q<ue> nol fagan mal ninguno en el cuerpo. o si no los pudiere<n> dar q<ue> yuren esto mismo seyendo atales omnes de quien sospechassen q<ue> guardarien su yura; estonce pueden lo sacar de la egl<es>ia pora fazer emienda de pecho segund las leyes mandaren. &' si no ouiesse de q<ue> pechar la malfetria. q<ue> sirua por ella tanto tiempo. quanto el yudgador touiere por bien segund razon. Mas por el debdo q<ue> deuiesse. no deue seruir ni seer preso de ninguno. pero deue dar seguranc'a la mayor q<ue> pudiere. q<ue> qua<n>do ouiere alguna cosa; q<ue> pague lo que deuiere. {RUB. L<ey> .iiija`. Cuemo deuen faz<er> q<u>a`ndo sieruo dalguno fuxiere a la egl<es>ia.}

{IN3.} Sieruo de alguno fuyendo ala egl<es>ia por miedo de su sennor deue seer emparado en ella segund dize en la ley ante desta. pero si el se<n>nor diesse fiador o yurasse q<ue> nol fiziesse mal ninguno deuen los cl<er>igos sacar le dela egl<es>ia magar el no quisiesse salir & dar gelo. E si los cl<er>igos no lo quisiessen faz<er>}

et cavalo. et echalo fuera. et assi faras en el segundo medio. fueras ende que començaras en la una meatad de yuso. et en la otra de suso. et desta guisa los podras encavalgar uno sobre otro. et entrara ell uno en ell otro. et teneran de suso et de yuso en uno. Et despues toma un cerco delos conplidos. et partelo por quatro partes iguales. et pon la regla sobre cada senal sobre su opposito. et faz linnas en la faz del cerco. et abre el compas sobre la media gordura delas tablas. et pon la una pierna sobre cada senal. et faz con la otra. una señal de diestro et otra de siniestro. assi como las fezist en los dos medios sobredichos. Et desi pon la regla sobre cada senal et sobre su compannera. et faz linnas en la faz deste cerco en derecho delas linnas primeras que oviste fechas. et teneran tres linnas en cada quarto una en derecho dotra. Et despues toma con la sierra lo que cae entre la linna de diestro et la de siniestro. fasta la meatad dela gordura dela tabla. et nõ mas. et echalo fuera. et fincara la otra meatad sana. et assi faras en cada una delas tres linnas que oviste fechas en las quatro partes. Et desi toma los dos medios sobredichos que son encavalgados et metidos uno en otro. et pon cada cabo dellos en cavadura. et entraran los quatro cabos en las quatro cavaduras. et pegalas con pegos de madero. et con engrudo de cuero de manera que esten firmes. et desi parte cada un quatro destos que fincaron por tres partes iguales. et faz senal en cada parte. et faz en cada senal tres linnas et una cavadura tales como las sobredichas. Et despues toma dos cercos delos complidos. et parte cada uno dellos por quatro partes iguales. et toma una parte dellas et pon ell un cabo della en aquel cavadura que quisieres. et allega ell otro cabo al tercero que se faz en los dos medios encavalgados que es en aquella parte. Et toma deste cabo segundo sobredicho. tanto que quando se allegare al tercero que teniedes con los dos medios encavalgados en un derecho de suso et de yuso. et esto que as de coller nõ tele puede dar por medida. mas tu tolo en la tu sotileza. Et affirma los dos cabos con pegos de madero et con engrudo de cuero. assi como fezist los otros. Et desta misma guisa faras los otros quatros que fincaron. et entraran todos los cabos en el logar dela encavalgadura. Et desta manera auras ell un medio acabado. Et desta misma guisa faras ell otro medio.

Et esta es su figura.

La media espera ayuntada con sos cercos

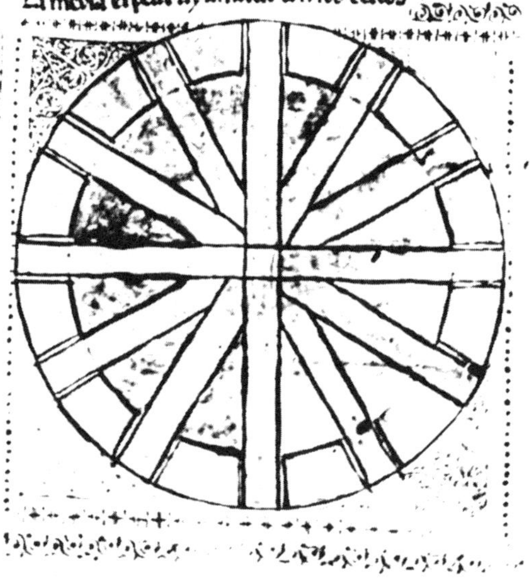

Capitulo vj. de cuemo se deuen ayuntar amdos los medios et se deuen blanquear.

Plate 26 (transcription)

[fol. 42r]

{HD. DEL ASTROLABIO REDONDO}

{CB2.

& taialo. & echalo fuera. & assi faras en el segu<n>do medio. fora ende q<ue> comenc'aras en la una meatad de yuso; & en la otra de suso. & desta guisa los podras encaualgar uno sobre otro. & entrara ell uno en ell otro. & recudran de suso & de yuso en uno. Et despues toma un cerco delos co<m>plidos. & partelo por quatro partes yguales. et pon la regla sobre cada sennal sobre su opposito. & faz linnas en la faz del cerco. & abre el co<m>pas sobrela media gordura delas tablas. & pon la una pierna sobre cada sennal. & faz con la otra. una sen<n>al de diestro & otra de siniestro. assi como las feziste en los dos medios sobredichos. Et desi pon la regla sobre cada sennal & sobre su compannera. & faz linnas en la faz deste cerco en derecho delas linnas primeras q<ue> ouiste fechas. & recudran tres linnas en cada quarto una en derecho dotra. Et despues toma con la sierra lo q<ue> cae entre la linna de diestro & de siniestro; fata la meatad dela gordura dela tabla. & no<n> mas. & echalo fuera. & fincara la otra meatad salua. & assi faras en cadauna delas tres linnas que ouiste fechas en las q<u>a`tro partes. Et desi toma los dos medios sobredichos q<ue> son encaualgados & metidos uno en otro. & pon cada cabo dellos en cauadura. & recudran los q<u>a`tro cabos en las q<u>a`tro cauaduras. & priegalas con p<r>i`egos de madero. et con engrud de cuero de manera q<ue> esten firmes. & desi parte cadaun q<u>a`rto destos q<ue> fincaron por tres partes yguales. & faz sen<n>al en cada parte. & faz en cada sen<n>al tres linnas & una cauadura tales como las sobredichas. Et despues toma dos cercos delos co<m>plidos; & parte cadauno dellos por q<u>a`tro p<ar>tes yguales. & toma una parte dellas & pon ell un cabo della; en q<u>a`l cauadura quisieres. & allega ell otro cabo al rencon q<ue> se faz en los dos medios encaualgados q<ue> es en aq<ue>lla p<ar>te. Et toma deste cabo segu<n>do sobredicho; tanto q<ue> qua<n>do se allegar al rencon q<ue> recuda con los dos medios encaualgados en un derecho de suso & de yuso. & esto q<ue> as de toller; no<n> telo puedo dar por medida. mas lexolo en la tu sotileza. Et affirma los dos cabos con p<r>i`egos de madero & con engrud de cuero; assi como feziste los otros. Et desta misma guisa faras los otros q<u>a`rtos q<ue> finca-

ron. & recudran todos los cabos en el logar dela enca-
ualgadura. Et desta manera auras ell un medio
acabado. Et desta misma guisa faras ell ot< r > o` medio.}
{CB2.
{RUB. Et esta es su figura.}
{ILL. {=DIAG. el cerco do son las cauaduras}}
{RUB. La media espera ayuntada con sos cercos}
{ILL. {=DIAG.}}
{RUB. Cap< ito > lo .vj[o`]. De cuemo se deuen ayuntar ambos
sus medios & se deuen blanquear.}}

Libros del saber de astronomia (Madrid: Universitaria, 156) 42r

Plate 27

Plate 27 (transcription)

[fol. 120r]
{CB1.
{MIN. ALEXANDER MAG}}

Libro del Isopete historiado (Escorial: Monasterio, 32-I-13) 120r

D L C N E A

Caplo .ij. de cuemo se deue fazer la cabeça desta forma.

Quando esto quisieres fazer: faz una bu
reta bien torneada de la guisa q̄ feziste
de las otras. mas a menester q̄ sea desta
medida q̄ yo te dire. si tu quisieres q̄ parezca si
empre de la candela quatro dedos. faras esta bu
reta dun palmo. ⁊ si quisieres q̄ parezca de la
candela mas o menos: faz la bureta desta mis
ma manera q̄ feziste la primera. ⁊ faras esta bu
reta mas gorda de las otras de guisa q̄ se assien
te bien sobre la forma. ⁊ sera de la parte de de
tro mas angosta q̄ las otras tanto quanto dos
dedos. ⁊ despues faras una lima q̄ passe por la:
longura de las dos partes q̄ son en derecho desta:
bureta en anchura de dos dedos ⁊ medio de cada
parte. ⁊ desi serraras con una sierra delgada lo
q̄ fico de la bureta entre las dos limas q̄ feziste.
et dexaras de serrar de la parte deyuso: tanto
como dos dedos. ⁊ fincara desta bureta la par
te deyuso redonda. ⁊ en los dos lados: anchura:
de dos dedos et medio de cada parte. ⁊ f ras enella
en la parte de suso: figura de dos torre ellas pe
quennas: una en cada cabeça fazer les as sennas
puertas. ⁊ faras en los lados destas torrezuellas
de parte de fuera cavadura poro entren estas pu
ertas de parte de suso. ⁊ a menester q̄ entren bie
apretadas. ⁊ desi tornaras enesta bureta come
çando del logar q̄ dexeste sano faza la parte de
suso tanto quanto quisieres q̄ parezca de la ca
dela. ⁊ faras señal en medio de cada una de las
torrezuellas. ⁊ despues sacaras las puertas des
tas torrezuellas. ⁊ faras en logar destas señales. dos
foradoς q̄ passen all otro cabo. ⁊ q̄ sean poco desui
ados ala parte deyuso. ⁊ q̄ sea ell uno en derecho
dell otro en guisa q̄ puedas meter enel los clauos
et q̄ passen adentro. ⁊ quando tornares las puer
tas a su logar no parezcan los clauos desta parte.
si no de la parte de dentro. ⁊ despues pornas esta ca
beça en su logar sobre la forma ⁊ assienta la y muy
bien en guisa q̄ no se mueua a ninguna parte. ⁊ q̄
la puedas toller quando quisieres. ⁊ despues fa
ras dos casas quadradas en los dos lados desta ca
beça segund q̄ feziste. ⁊ assienten se estas casas q̄
dexaras de la cabeça sobre las puertas q̄ son en la for
ma de guisa q̄ parezcan amas q̄ son unas. ⁊ a me
nester q̄ sean dun pedaço cauadas de dentro por
q̄ sean mas firmes. ⁊ pornas en cada una destas

casas señοs canellos pequennos. ⁊ bien fechos. ⁊
sean bien firmes ca sobrellos sera el mouimie
to. ⁊ a menester q̄ entran muy ligeros. ⁊ cauaras
enel cuerpo de la cabeça un logar do puedan cor
rer. ⁊ sean puestos en guisa q̄ entran dentro en la
forma quanto el quarto del canello. ⁊ lo al q̄ cor
ra dentro en la casa do son puestas. ⁊ foradaras
enestas casas quadradas en la parte desuso
dos foradoς q̄ passen sobre los canellos. ⁊ q̄ lle
guen ayuso. Et esta es la figura desto q̄ auemos dicho.

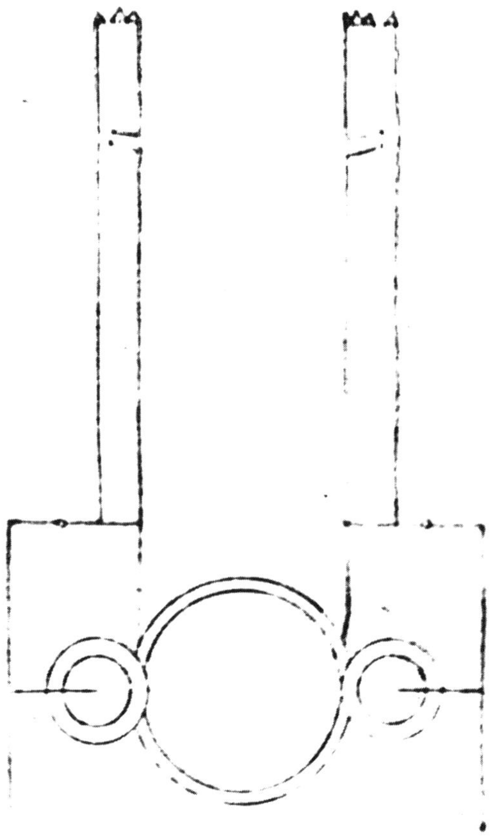

Plate 28 (transcription)

[fol. 190r]
{HD. DE LA CANDELA}
{CB2.
{RUB. Cap<ito> lo .ijo`. de cuemo se deue faz<er> la cabec'a desta forma.}

{IN3.} Quando esto quisieres fazer; faz una bu-xeta bien torneada de la guisa q<ue> fezis-te las otras. mas a mester q<ue> sea desta medida q<ue> yo te dire. si tu quisieres q<ue> parec'ca si-empre de la candela quatro dedos; faras esta bu-xeta dun palmo. & si quisieres q<ue> parec'ca de la candela mas o menos; faz la buxeta desta mis-ma manera q<ue> feziste la primera. & faras esta bu-xeta mas gorda de las otras de guisa q<ue> se assien-te bien sobre la forma. & sera de la parte de de<n>-tro mas angosta q<ue> las otras tanto quanto dos dedos. & despues faras una li(m)[nn]a q<ue> passe por la longura de las dos partes q<ue> son en derecho desta buxeta en anchura de dos dedos. & medio de cada parte. & desi serraras con una sierra delgada lo q<ue> fico de la buxeta entre las dos li(m)[nn]as q<ue> feziste. et dexaras de serrar de la parte deyuso; tanto como dos dedos. & fincara desta buxeta la par-te deyuso redonda. & en los dos lados; anchura de dos dedos et medio de cada parte. & faras enellas` en la parte de suso; figura de dos torreziellas pe-quennas; una en cada cabo. & fazer les as sennas puertas. & faras en los lados destas torreziellas de parte de fuera cauadura poro entren estas pu-ertas de parte de suso. & a menester q<ue> entren bie<n> apretadas. & desi tomaras enesta buxeta come<n>-c'ando del logar q<ue> dexeste sano faza la parte de suso tanto quanto quisieres q<ue> parezca de la ca<n>-dela. & faras se<n>nal en medio de cada una de las torreziellas. & despues sacaras las puertas des-tas torreziellas. & faras en logar destas se<n>nales; dos forados q<ue> passen all otro cabo. & q<ue> sean poco desui-ados ala parte deyuso. & q<ue> sea ell uno en derecho dell otro en guisa q<ue> puedas meter enel los clauos` et q<ue> passen a dentro. & quando tornares las puer-tas a su logar no<n> parezc'ran los clauos desta parte. si no de la parte de dentro. & despues pornas esta ca-bec'a en su logar sobre la forma. & assienta la y muy bien en guisa q<ue> no<n> se mueua a ni<n>guna parte; & q<ue> la puedas toller quando quisieres. & despues fa-ras dos casas quadradas en los dos lados desta ca-bec'a segund q<ue> feziste. & assienten se estas casas q<u> a`-dradas de la cabec'a sobre las otras q<ue> son en la for-

ma de guisa q< ue> parec'can amas q< ue> son unas. & a menester q< ue> sean dun pedac'o cauadas de dentro por
q< ue> sean mas firmes. & pornas en cada una destas}
{CB2.
casas se< n> nos cariellos pequennos. & bien fechos. &
sean bien firmes ca sobrellos sera el mouimie< n> -
to. & a menester q< ue> corran muy ligeros. & cauaras`
enel cuerpo de la cabec'a un logar do puedan correr. & sean puestos en guisa q< ue> corran dentro en la
forma quanto el quarto del cariello. & lo al q< ue> corra dentro en la casa do son puestas. & foradaras
enestas casas quadradas en la pared dessuso
dos forados q< ue> passen sobre los cariellos. & q< ue> lle-
guen ayuso. {RUB. Et esta es la figura desto q< ue> auemos dich< o> .}
{=DIAG: diagram continues on next folio side.}}

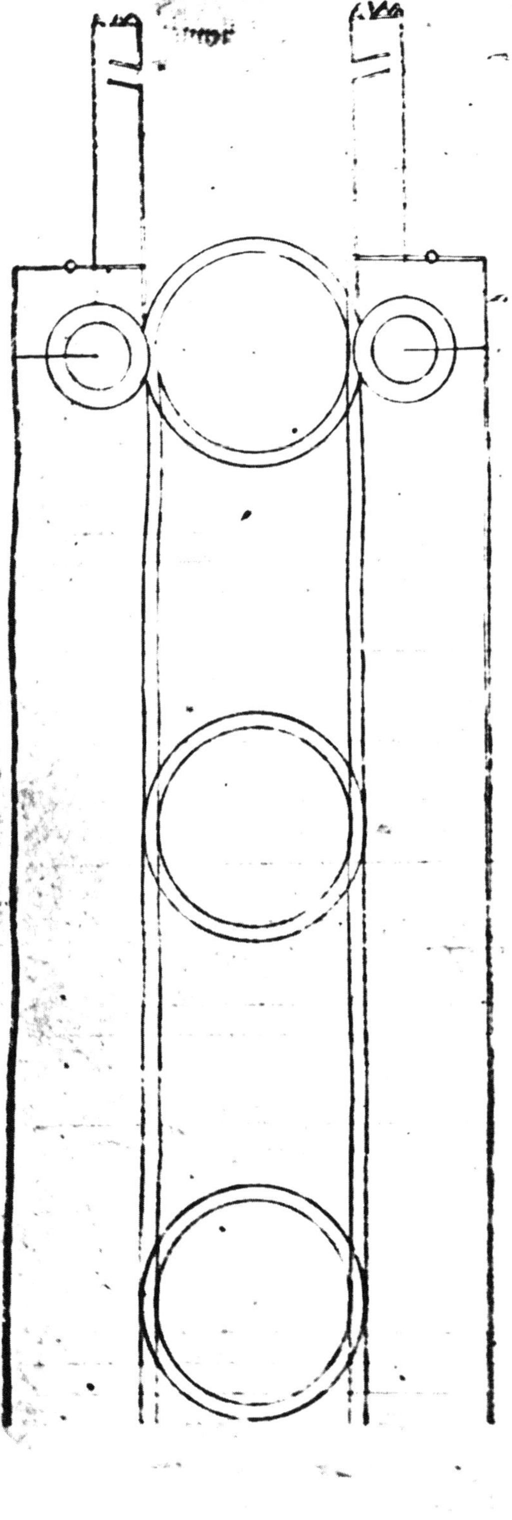

Caplo. iiij. de como se deue fazer la casa q̃drada en q̃ a de entrar la tabla de los signos.

Quando esto quisieres fazer: faz una casa quadrada de madero. e sea tres dedos mas ancha de la anchura q̃ tu quieras q̃ sea la tabla de los signos. e faz la: tabla q̃ esta en la faz desta casa departe de fuera q̃ entre. e salga de parte de suso en las canaduras de los dos lados. e fazas otrossi en la otra tabla q̃ esta de parte de dentro en sus dos lados: otras canaduras assi como feziste en la otra tabla. e estas canaduras seran por o a de entrar la tabla de los signos. e sea esta casa quadrada tan luenga cuemo la forma de la: candela. o poco menos. e fazas sobre los dos lados de la tabla q̃ esta de parte de dentro: dos canaduras q̃ sean de suso en dos tabletas pequennas fincadas sobre esta tabla bien firmes en guisa q̃ puedas y meter una tabla cuemo la otra q̃ esta a parte de dentro en q̃ son fincadas: estas tabletas de manera q̃ no se puedan mouer a ningun cabo. mas a menester q̃ sea de guisa q̃ la puedas sacar quando quisieres. e faz en los dos lados desta tabla dos canaduras con q̃ sufra la tabla de los signos. assi como feziste en la otra tabla. e fazas otrossi en el cabo desta tabla en la parte de suso en medio del: un cannello pequenno ca mester lo auras para despues. e pornas esta casa: con la otra casa quadrada q̃ esta en el lado de la forma [illegible]
Et esta es su figura.

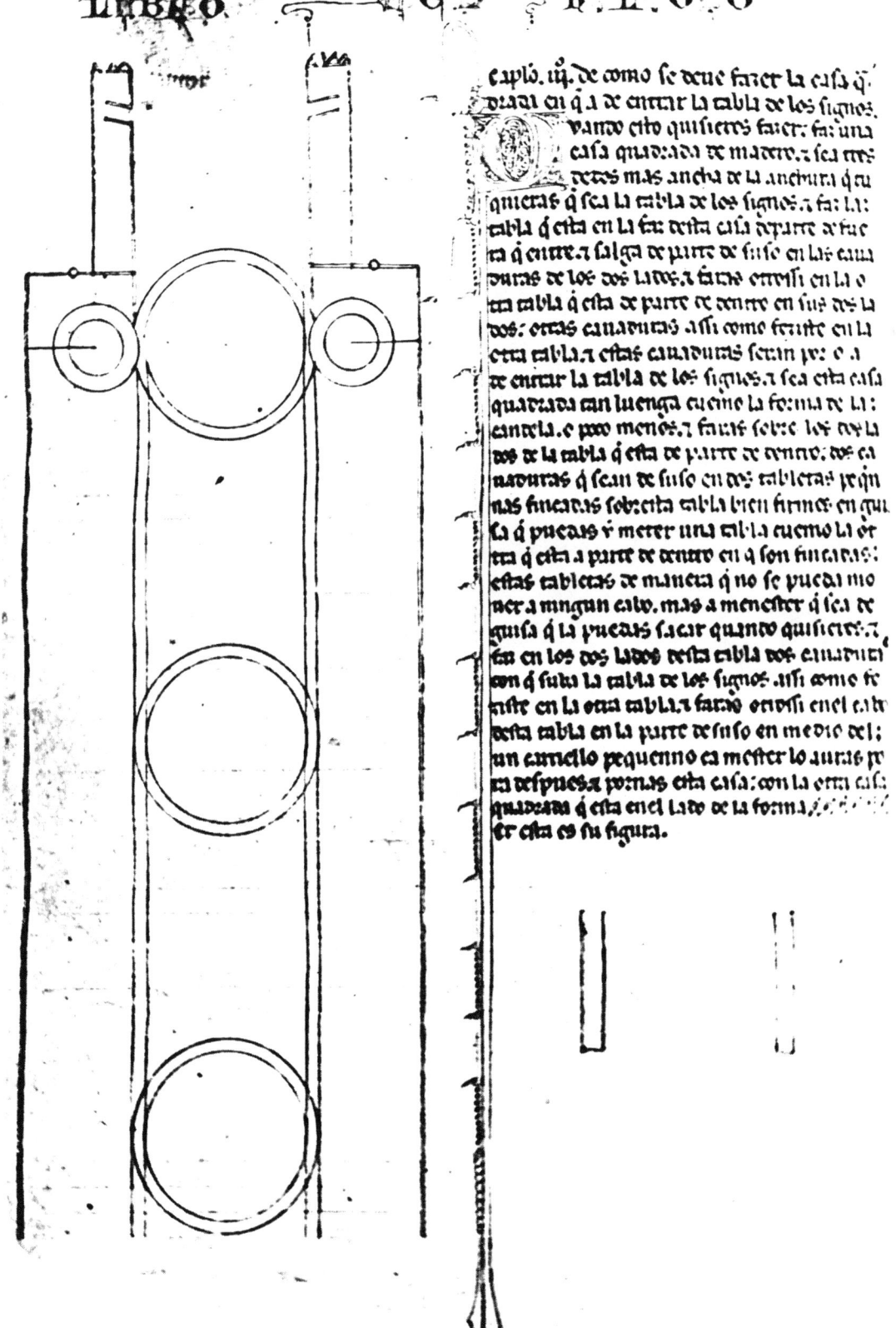

Plate 29 (transcription)

[fol. 190v]
{HD. LIBRO DEL RELOGIO +}
{CB2.
{=DIAG.}}
{CB2.
{RUB. Cap< ito> lo .iijo`. de como se deue fazer la casa q< u> a`-
drada en q< ue> a de entrar la tabla de los signos.}
{IN3.} Qvando esto quisieres fazer; faz una
casa quadrada de madero. & sea tres
dedos mas ancha de la anchura q< ue> tu
quieras q< ue> sea la tabla de los signos. & faz la
tabla q< ue> esta en la faz desta casa de parte de fuera q< ue> entre. & salga de parte de suso en las cauaduras de los dos lados. & faras otrossi en la o-
tra tabla q< ue> esta de parte de dentro en sus dos lados; otras cauaduras assi como feziste en la
otra tabla. & estas cauaduras seran por o a
de entrar la tabla de los signos. & sea esta casa
quadrada tan luenga cuemo la forma de la
candela. o poco menos. & faras sobre los dos lados de la tabla q< ue> esta de parte de dentro; dos cauaduras q< ue> sean de suso en dos tabletas peq< ue> n-
nas fincadas sobresta tabla bien firmes en guisa q< ue> puedas y meter una tabla cuemo la ot-
(t)ra q< ue> esta a parte de dentro en q< ue> son fincadas
estas tabletas de manera q< ue> no se pueda mouer a ningun cabo. mas a menester q< ue> sea de
guisa q< ue> la puedas sacar quando quisieres. &
faz en los dos lados desta tabla dos cauaduras`
con q< ue> suba la tabla de los signos assi como feziste en la otra tabla. & faras otrossi enel cabo
desta tabla en la parte desuso en medio del
un carriello pequenno ca mester lo auras pora despues. & pornas esta casa; con la otra casa
quadrada q< ue> esta enel lado de la forma.
{RUB. Et esta es su figura.}
{=DIAG: diagram continues on next folio side.}}

tierras estrañas fallez quien te rescibа. La buena palabra cõtra los
vicios del animo muy buen fisico es. Aquel es porcierto bienauentu
rado: el qual vsa ⁊ ha buen amigo. Non ay cosa tã ascondida que el
tiempo finalmente non la manifieste ⁊ trayga a luz. Con estos ⁊ cõ
otros muy muchos amonestamientos ysopo enbio de si a enus el q̃l
falsamẽte lo acuso: ⁊ dende a poco desesperãdo ď vna torre alta aba
xo se echo: ⁊ assi como malo que era desauenturadamente acabo su
vida.

Despues desto llamados los falconeros mando les ysopo que los
pollos fijos delas aguilas tomassen. los quales como fuessen toma
dos acostumbro los a cebar ⁊ comer andando arriba ⁊ baxo volan=
do: ligadas ⁊ atadas a los pies vnas talegas de cuero en cada vna
delas quales estaua vn niño. E assi como los niños alçauan/o aba
xauan el cebo. assi las aguilas siguiendo el cebo ⁊ comer bolauã arri
ba/o baxo. Estas cosas assi passadas como la fortuna del yuierno
passasse ysopo con licencia del rey licurus fue ⁊ nauigo para egipto:
con cierta ⁊ firme esperança: que el se daria atanto que dello se mara=
uillassen los egipcianos. Mas como los egipcianos la fechura del
ysopo vieron: estimando lo por mostruoso ⁊ de sin sabidoria: pensa=
ron que era juglar ⁊ burlador: ⁊ non miraron q̃ alas vezes en vasos
feos ⁊ torpes esta ⁊ se contiene el balsamo que es el mas precioso de
los liquores. E que algunas vezes las redomas non limpias tie=
nen en si vinos limpios: ⁊ assi el mismo ysopo se fue al palacio: ⁊ se
echo a los pies del Rey. El qual como estaua en su majestad: lo

[fol. 21v]
{HD. La vida +}
{CB1.
tierras estran~as falles quien te resciba. La buena palabra co<n>tra los vicios del animo muy buen fisico es. Aquel es por cierto bienauentu-rado: el qual vsa & ha buen amigo. Non ay cosa ta<n> ascondida que el tiempo finalmente non la manifieste & trayga a luz. Con estos & co<n> otros muy muchos amonestamientos ysopo enbio de si a enus el q<u>a`l falsame<n>te lo acuso: & dende a poco desespera<n>do d<e> vna torre alta aba-xo se echo: & assi como malo que era desauenturadamente acabo su vida.
{=MIN.}
Despues desto llamados los falconeros mando les ysopo que los pollos fijos delas aguilas tomassen. los quales como fuessen toma-dos acostumbro los a cebar & comer andando arriba & baxo volan-do: ligadas & atadas a los pies vnas talegas de cuero en cada vna delas quales estaua vn njn~o. E assi como los nin~os alc'auan / o aba-xauan el cebo. assi las aguilas siguiendo el cebo & comer bolaua<n> arri-ba / o baxo. Estas cosas assi passadas como la fortuna del yuierno passasse ysopo con licencia del rey licurus fue & nauigo para egipto. con cierta & firme esperanc'a: que el se daria atanto que dello se mara-uillassen los egipcianos. Mas como los egipcianos la fechura del ysopo vieron: estimando lo por mostruoso & de sin sabidoria: pensa-ron que era juglar & burlador: & non miraron q<ue> alas vezes en vasos feos & torpes esta & se contiene el balsamo que es el mas precioso de los liquores. E que algunas vezes las redomas non limpias tie-nen en si vinos limpios: & assi el mismo ysopo se fue al palacio: & se echo a los pies del Rey. El qual como estaua en su majestad: lo}

Bien cantava la rrana con fermosa rrazon
mas al tiene pensado en el su coraçon
creo selo el topo en uno atados son
atan los pies en uno las voluntades non

Non guardando la rrana la postura que puso
dio salto en el agua somiese fazia yuso
el topo quanto podia tirava fazia suso
qual de yuso qual suso andavan a mal uso

Andava hi un mylano volando desfanbrido
buscando que comiese esta pelea vydo
abatiose por ellos subyo en apellydo
al topo e ala rrana levolos a su nydo

Comiolos a entranbos non le quito la fanbre
asi faze alos locos tu falsa vedegabre
quantos tyenes atados con tu mala estanble
todos por ti peresçen por tu mala enxanbre

Alos nesçios e nesçias que una vez enganas e enlaças
en tal guisa les travas con tus fuertes mordaças
que non han de dios miedo nin de sus amenaças
el diablo los lyeva presos en tus tenazas

Al uno e al otro eres destroydor
tan byen al engañado como al engañador
como el topo e la rrana peresçen o peor
eres mal enemigo fazes te amador

Toda maldad del mundo es toda pestilençia
sobre la falsa lengua mintrosa aparesçençia
dezir palablas dulçes que traen abenençia
e fazer malas oblas e tener mal querençia

Del bien que omne dize si a sabyendas mengua
es el coraçon falso e mintrosa la lengua
confonda dios al cuerpo do tal coraçon fuelga
lengua tan enconada dios del mundo la tuelga

Non es para buen omne que crea de lygero
todo lo que le dizen piense lo bien primero
non le conviene al bueno que sea lysongero
en el bien dezir sea omne firme e verdadero

[illegible]

Plate 31 (transcription)

[fol. 28v]
{CB1.
% byen cantava la rrana co<n> fermosa rrac'o<n>
mas al tiene pe<n> sado en<e>l su corac'o<n>
creo se lo el topo en vno atados son
atan los pies en vno las volu<n> tades no<n>

% Non g<u>a`rdando la Rana la postura q<ue> puso
dio salto en<e>l agua / somjese faz'ja yuso
el topo q<u>a`nto podja / tiraua faz'ja suso
q<u>a`l de yuso q<u>a`l suso andaua<n> a mal vso

% Andaua y vn mjlano volando desfranbrido
buscando que comjese esta pelea vydo
abatiose por ellos / subyo en apellydo
al topo & ala rrana / leuolos asu njdo

% Comjolos a entranbos no<n> le q<u>i`taro<n> la fanbre
asy faz'e alos locos / tu falsa vedega[<n>]bre
q<u>a`ntos tyenes atados co<n> tu mala estanble
todos por ti peresc'em por tu mala enxa<n>bre

% alos nec'ios & nec'ias q<ue> vna vez' (^engan~as) enlac'as'
en tal gujsa les travas co<n> tus fuertes mordac'as'
q<ue> no<n> ha<n> de djos mjedo nj<n> de sus amenaz'as
el diablo los lyeva / presos en tus tenaz'as

% Al vno & al ot<r>o` eres destroydor
ta<n> bye<n> al engan~ado como al enganador
com<m>o el topo & la rrana peresc'en o peor
eres mal enemjgo faz'es te amador

% Toda maldad del mundo E toda pestilenc'ia
sobre la falsa lengua mj[<n>]tirosa aparesc'encia
dez'jr palablas dulc"es que traen abene<n>c'ia
E faz'er malas oblas & tener mal q<ue>renc'ia

% Del bie<n> q<ue> om<n>e diz'e sy a sabyendas mengua(<n>)
es el corac'o<n> falso & mj[<n>]tirosa la lengua
co<n>fonda djos al cuerpo do tal corac'o<n> fuelga
lengua ta<n> enconada / djos del mu<n>do la tuelga

% Non es p<ar>a (^??) [^bue<n>] om<n>e creer de lygero
todo lo q<ue>l dixiere<n> / piense lo bie<n> p<r>i`mero
no<n> le co<n>vjene al bueno / q<ue> sea lyjongero
en<e>l bue<n> dez'jr sea om<n>e firme & verdadero}
{CW. S'ola piel ovejuna}

manceba mugier. et es esta la figura de uenus. et esta leuantada en pie. et sus cabellos fechos crine chados atras. et mars poniendo su mano diestra en su pescueço de uenus et la mano siniestra en los pechos della. et el catando et mirando en su ca ra. et dize este sabio que esta .ij. desta manera a grandes fechos et muchos segunt el cuento en su li bro que nos fablamos desta .ij. en el nuestro libro delas ymagenes.

La forma de mars en otros libros es figura de omne cauallero sobre un leon. et tiene en su mano diestra una espada. et en la siniestra cabeça de omne teniendola por los cabellos. et sus uestiduras uermeias.

La forma de mars segund el dicho de picatrix es figura de omne cauallero sobre un leon et en su mano azcona luenga.

Dicho auemos las propiedades et las naturas de mars. et sus formas quales son et de que manera son fechas. et agora queremos aqui mostrar qua les figuras son suyas et como son fechas segund que nos mostraron los philosophos

La figura de mars segund el sabio picatrix es esta.

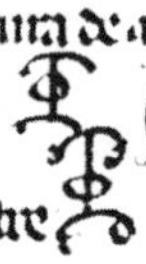

Otra figura de mars segund plines.

Otra figura segund el dicho de maestre Todas.

Otra [illegible] figuras de mars segund dixo artisios.

Otra figura de mars segund este mismo sabio et fallola en otra manera.

De otras obras delas figuras de mars et dizenli quadrado de

La tercera figura es de mars que es mars. en el quinto cielo. et es de calient et seca com plexion. su substancia es infortuna destruidor et dannador de todas las cosas que se destruyen et se corrompen por calentura et sequedat. es signific ador de todo danno de muertes de batallas et de rrobos et de derramamientos et de sequedat et de des truymiento de todas las cosas. et esto quando es en mal estado. Et a delas figuras aquellas que son cinco multiplicadas en cinco et concordança dela figura de cada lado de luengo et de ancho. et de cuin esto son .xxv. Pues quando quisieres obrar algu nas cosas de propiedades desta figuras para uien tes en sus estados et en las tablas que te pusiem os adelant segund qual obra quisieres obrar to ma una lamina de arambre uermeio et entalla en ella esta figura en dia de mars. et en su hora se yendo el en mal estado assi como retrogado o com busto o menguado o tardio et suffumarla as con menstruo de mugier o con panno de enforcado o co unnas de gatos o de mures. et si la pusieres en logar que se couienen a ayuntar ladrones para matança que se mataran unos a otros. o por ladrones o por enemigos que los mataran et los destruyran. et si la pusieres en arma de omne que a de entrar en batalla o en combatimiento sera muerto o ferido. Et si la pusieres en siella de Rey leuantar sa el pueblo contra el. Et si la pusieres en siella de obispo o de iuez sera ayna despuesto. Et si la pusieres en tienda de algun mercadant que q eras mal perdera en su merchandia et non sele uen dera si non con perdida. Et si entallares esta figura assi como es dicho sobre nombre de dos omes que se amen. et la soterrares en logar o se suelen a iuntar cada un dellos mal querencia et enemiz tad por siempre. Et si la pusieres sobre pier na de qual mugier quisieres correra su sangre. Et si escriuieres esta figura en paper uerme io en el dia et en la hora sobredicha. et la suffuma res con aristologia luenga et la pusieres en col menar o en palomar fuyran las abeias et las palomas que nunca se auenturan. Cata quan do fuere mars en buen estado assi como quando

Plate 32 (transcription)

[fol. 27r]
{CB2.
manceba uirgen. & es esta la figura de uenus. et
esta leuantada em pie. & sus cabellos fechos crin e-
chados atras. & mars poniendo su mano diestra
ensu pescuec'o de uenus & la mano siniestra enlos pechos della. & el catando & mirando ensu cara. & dize este sabio que esta y< magen> desta manera
a grandes fechos et muchos (^???) [^segu< n>t el co< n>to en su lib< r>o`-
(bro). & nos & te] fablamos desta y< magen> enel nuestro
libro delas ymagenes.
{IN2.} La forma de mars en otros libros es fig[< ur>]a
de omne cauallero sobre un leon. & tiene
en su mano diestra una espada. & enla siniest< r>a`
cabec'a de omne teniendol(^a) por los cabellos. et
sus uestidos nueuos.
{IN2.} La forma de Mars segund el dicho de picatriz es figura de om< n>e cauallero sobre un
leon et ensu mano azcona luenga.
{=DIAG.}
Dicho auemos las p< ro>priedades & las naturas de
Mars. & sus formas quales son & de que manera
son fechas. & Agora q< ue>remos aqui mostrar q< u>a`les
figuras son suyas et como son fechas segund
q< ue> nos mostraron los phylosophos
{IN2.} La figura de Mars segund el sabio picatriz es`
esta. {SYMB.} {IN2: same initial O begins Otra in next line also.} Otra figura de Mars segund
plines. {SYMB.} {IN2.} Otra figura segund el dicho
de maestre
TodaR. {SYMB.}
Otra [*manera delas figuras] de Mars segund
dixo aristotil. {SYMB.} Otra figura de Mars}
{CB2.
segund este mismo sabio & fallola en otra manera. {SYMB.} {RUB. De otras obras
delas figuras de Mars & dizenli quadrado de +}
{IN2.} La tercera figura es de Mars que es {RUB. Mars.}
enel quinto cielo. & es de calient et seca co< m>-
plexion. su substancia es infortuna destruidor
dannador de todas las cosas que se destruyen &
se corro< m>pen por calentura et sequedat es signific-
ador de todo danno de muertes de batallas et de
robos et de hermamientos et de sequedat & de des-
truymiento de todas las cosas. & esto quando es
en mal estado. Et a delas figuras aquellas` que so< n>
cinco multiplicadas en cinco & concordanc'a dela
figura de cada lado de luengo et de ancho. & de traui-

esso son Lxv. Pues quando quisieres obrar algu- nas cosas de p< ro > priedades desta figura(^s) para mien- tes ensus estados et enlas tablas que te pusiem- os adelant segund qual obra quisieres obrar. to- ma una lamina darambre uermeio & entalla en ella esta figura en dia de mars. et ensu hora se- yendo el en mal estado assi como retrogrado o con- busto o menguado o tardio & suffumarla as con mestruo de mugier o con panno de enforcado o co< n > unnas de gatos o de mures. & sila pusieres en logar que se comience a poblar hermar sa por matanc'a que se mataran unos aotros. o por ladrones o por enimigos quelos mataran & los destruyran. et sila pusieres en armas` de om< n > e que a de entrar en batalla o en conbatimiento sera muerto o ferido. % Et sila pusieres en siella de Rey leuantar sa el pueblo contra el. % Et sila pusieres en siella de obispo o de iuez sera ayna despuesto. % Et si- la pusieres en tienda de algun merchant que q< u > i` - eras mal perdera ensu merchandia & non sele ue< n > - dra si non con perdida. % Et si entallares esta figura assi como es dicho sobre nombre de dos o< mne > s que se amen. & la sot< er > rares en logar ose suelen a- iuntar caera entrellos mal querencia & enemiz- tad por siempre. % Et sila pusieres sobre pier- na dequal mugier quisieres correra su sangre. % Et si escriuieres esta figura en paper uerme- io enel dia et enla hora sobredicha. & la suffuma- res con aristologia luenga et la pusieres en col- menar o en palomar fuyran las abeias et las palomas que nunca se aiuntaran. % Cata q< u > a`n- do fuere mars en buen estado assi como qua< n > do}

Plate 33

natura dela mugier: estanca la. Et meten la otrossi molida los fisicos en los poluos que fazen pora apretar los dientes 7 las enzias que son mal paradas. Et la estrella que es en el muslo del braço siniestro dela ymagen de tauro. a sennorio sobresta piedra 7 della recibe la fuerça 7 la uertud. Et quando esta estrella fuere en el ascendente: mostrara esta piedra mas manifiesta miente sus obras.

Dela piedra q̄ parece en la mar.

el quinzeno grado: del signo de tauro: es la piedra que parece en la mar quando sube la planeta uenus. 7 asconde se quando se pone. Et esta piedra 7 la otra que ante diziemos de mars. 7 que diremos adelante de cadauna delas otras planetas en qual guisa parece en ella la uertud de aquella planeta de que a la fuerça 7 la uertud: todas son falladas en el mar que dizen tenebroso. pero cada una en su logar ca non todas en uno. mas esta que es senmalada miente de uenus. a la color blanca 7 tira quanto a amariello. Et es piedra luzia 7 clara 7 da grand resplandor. Liuiana es de peso pero fuerte 7 muy dura de quebrantar. assi que nola quebranta otro metal si non el oro desta guisa que quando lo llegan a ella: quiebra luego la piedra. Et en todas guis

se muestra en ella la complicion de uenus. pero la natura della es: fria 7 seca. Piedra es muy fremosa de uista 7 precian la mucho los que la connoscen. Et su propriedat es atal que fuyen della todas las naturas de serpientes que son uenenosas. Et aun a otra grand propriedat q̄: el que la trae consigo: a grand uoluntad de mugier. 7 aun que lo use nol faze tan grand mal como al otro. Et la estrella siguiente delas dos que son en la corona de persio a poder sobresta piedra 7 della recibe la uertud. Et quando esta estrella fuere en medio del cielo: mostrara esta piedra mas manifiesta miente sus obras:-

Dela piedra ... a nombre zam...

El dizeseseno grado del signo de tauro: es la piedra a que dizen en arauigo zamorat. 7 en latin esmeralda. Esta piedra es uerde de muy fremosa uerdura. 7 quanto mas lo es: tanto es meior. Egendrada es de natura de tierra 7 de piedra. Et es de su natura fria 7 seca. Et faze se mucho en las mineras del oro. Et fallan la en la tierra de occident mas que en otro logar. Su uertud es atal que presta contra todos los tossicos mortales. 7 feridas o mordeduras de bestias tossigosas. ca si tomaren della peso de una dragma 7 la molieren 7 la cernieren 7 la dieren a beuer con uino o con agua al omne entossicado:-

Plate 33 (transcription)

[fol. 15v]
{HD. DEL SIGNO +}
{CB2.
natura dela mugier; estanca la. Et meten la otrossi
molida los fisicos en los poluos que fazen pora apretar los dientes & las enzias que son mal paradas.
Et la estrella que es en el muslo del brac'o siniestro
dela ymagen de tauro. a sennorio sobresta piedra &
della recibe la fuerc'a & la uertud. Et quando esta estrella fuere en el ascendente; mostrara esta piedra
mas manifiesta miente sus obras.
{=DIAG.}
{RUB. Dela piedra q< ue>
parece en la mar.}
{IN10. {MIN=.}} Del quinzeno grado
del signo de tauro; es
la piedra que pares-
ce enla mar quando
sube la planeta ue-
nus. & asconde se q< u> a`n-
do se pone. Et esta
piedra & la otra que
ante dixiemos de
mars. & que diremos adelante de cadauna delas otras
planetas en qual guisa parece en ella la uertud de
aquella planeta de que a la fuerc'a & la uertud; todas`
son falladas en el mar que dizen tenebroso. pero cada
una en su logar ca non todas en uno. mas esta que es
sennalada miente de uenus; a la color blanca & tira
ya quanto a amariello. Et es piedra luzia & clara &
da grand resplandor. Liuiana es de peso pero fuerte &
muy dura de quebrantar. assi que nola quebranta
otro metal si non el oro desta guisa que quando lo llegan a ella; quebra luego la piedra. Et en todas guisas`}
{CB2.
se muestra en ella la complixion de uenus. pero la natura della es; fria & seca. Piedra es muy fremosa de uista
& precian la mucho los que la connoscen. Et su p< ro> priedat
es atal que fuyen della todas las naturas de sirpientes
que son ueninosas. Et aun a otra grand p< ro> priedat q< ue>
el que la trae consigo; a grand uoluntad de mugier. &
aun que lo use nol faze tan grand mal como al otro.
Et la estrella siguiente delas dos que son en la corona
de persio a poder sobresta piedra & della recibe la uertud.
Et quando esta estrella fuere en medio del cielo; mostrara esta piedra mas manifiesta miente sus obras.
{=DIAG.}

{RUB. Dela piedra q< ue> a nombre zamorat.}

{IN10. {MIN=.}} DEl dizeseseno grado del signo de tauro; es la piedra aque dizen en arauigo zamorat. & en lati< n> esmeralda. Esta pi-edra es uerde de muy fremosa uerdura. & quanto mas lo es; tanto es meior. Mezclada es de natura de tierra & de piedra. Et es de su natura fria & seca. Et faze se much< o> en las mineras del oro. Et fallan la en tierra de occide< n> t mas que en otro logar. Su uertud es atal que presta contra todos los tossicos mortales. & feridas o mordedu-ras de bestias tossigosas. ca si tomaren della peso de una dragma. & la molieren & la cernieren. & la dieren a beuer con uino o con agua al om< n> e entossicado;}

Plate 34

Plate 34 (transcription)

[fol. 40v]
{CB1.
{SYMB: transliterated Hebrew characters. amigo de la buena andanc'a quando crec'e
luego asy se torna quando ella fallec'e
amigo que te loar de bien que non fezyeste
non debes del fiar que mal que non obreste
afellarte loa enpuesty c'ierto seas.
qui por costunbre a lysonjar non le creas
por lysonjarte quien te dixiere de otro mal
a otros atan byen dira de ty al tal
el omre lysonjero miente acada vno
que amor verdadero non lo a con ninguno
anda joyas fazyendo del mal deste a este
mal del vno dezyendo faz al otro presente
tal omre nunca cojas jamas en tu compan~a}}
[fol. 41r]
{CB1.
{SYMB: transliterated Hebrew characters. que con las sus lysonjas alos omres engan~a
quien buena ermandat aprender la quisyese
e buena amizdat vsar sabor obiese
syenpre meter debia mientes enlas tygeras
e dellas aprenderia muchas buenas maneras
parten al que las parte e non por se vengar
sy non con gran talante que an de se legar
como en rrio quedo el ques metyo entre ellas
entro e el su dedo metio entre dos muelas
quien mal rrec'ibio dellas el mesmo se lo busca}}

Proverbios morales (Santob) (Cambridge: University, Add. 3.355) 40v/41r

3

بسم الله الرحمن الرحيم

صلى الله على سيدنا محمد

الكريم وآله وسلم تسليما

كتنز

٢ نا اللة عضرا اذا ابند

ديشد علي ديشد اللة تنبانديشد

اشد انشد التشد يا آكالشد كاشيشد

كارايا نتاياشد كونند اشغابنترا

بشد آجرانر الكل بنواشتبديشد

بواشترشد كطرشد ابكواشترشد

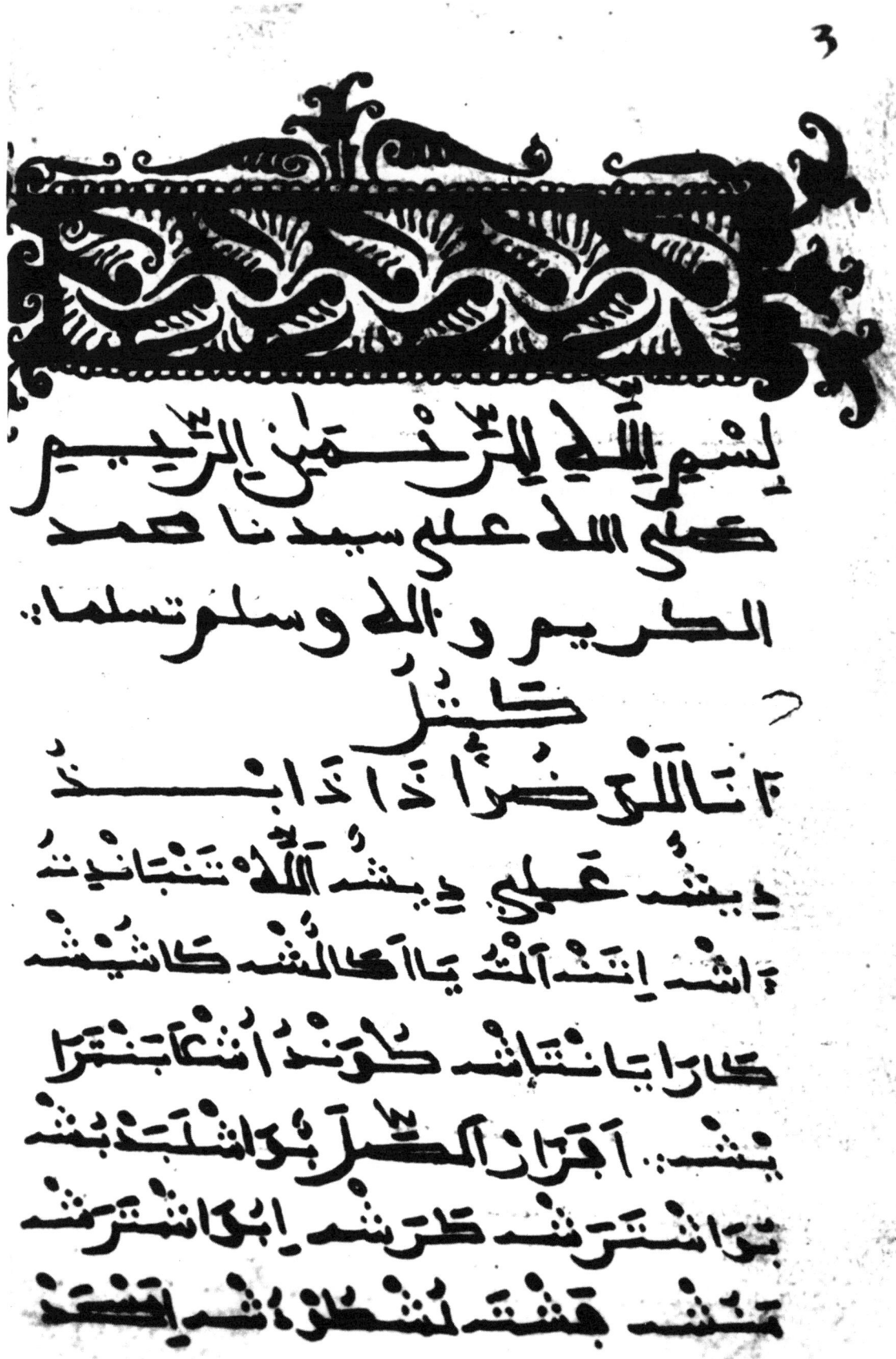

منشد جشتد لنشطواشد اجشد

Plate 35 (**transcription**)

[fol. 4r]
{HD. \ 3}
{CB1.
{ILL.}
{SYMB: transliterated Arabic characters. {ARB. bic'mi illahi irrahmani irrahimi
salla allah ali c'aydina muhammadin
il karimi wa aalihi wa c'alama tac'lima}
kapitulo
en el alwadu de debdo
dixo ali dixo allah tan bendito
es i tan alto i ye akellos ke soys
kereyentes kuwando os levantare-
ys a fazer assala puwes lavad vos
vuwestaras karas i vuwestaras
manos fasta los kowdos i mac'had}}

Tratado juridico (Madrid: Nacional, 4987) 4r

bermejor grande assi enla coniuntiua
como enla cornea e finchesse las
uenas dellas e lagrimea el rin
con del ojo e son presentes fuer
tes dolores e punturas. E son
fechas enlos ojos lagañas e
mates las palpebras. E algu
nas uezes parecen comienços de
ulceras e son puntos pequeños
blancos enla cornea. E la muy
grande es quando non parece cosa al
guna dela cornea nin dela coniuntiua
mas todo el ojo es lleno de bermejor
E las palpebras estan retornadas
E los dolores son dolores muy fu
ertes. E esto es segund lo mas con
postilla E para segund lo mas ul
ceras. la cura delas quales es u
na. Empero segund mas e menos
La cura es amansamiento del dolor si
el dolor fuere muy fuerte. E aman
sado el dolor sea fecha sangria
dela cefalica del braço del lado
del ojo doliente. si fuere en el uno
tan sola mente. E si de ambos ade
sea fecha la sangria del braço
derecho E sea sacada sangre segund
el sofrimiento del paciente e dela e
dat e dela fortaleza o sean fechas
uentosas enlas espaldas. E a
questo tiene mas lugar quando la
materia es mas sanguynea e coleri
ca. lo qual conosceras por la ma
yor inflamacion e mayor laga
ña mayor pesadubre con las se
ñales ya dichas en los lugares si
gnificantes sangre. E si la materia
fuere colerica lo qual se conosce e
por los grandes e agudos dolores
e por la poca finchazon e por la a
marillor delos ojos estonce sea
sangrado en menor quantidat por
quanto por la sangria es amansada
el agudeza dela colera. E despues

sea purgado con decoction de frutas de
los mirabolanos citrinos dicha
enel capitulo del alopiçia. E si la
materia fuesse callente con alguna parte
de materia gruessa mesclada lo qual
muchas vezes contesçe e oviesse
passado algunos dias. Estonce
non a melezina sobre las cochas
de rrasis nin que pueda ser conpara
da con ellas. Emplastro muy bue
no el qual es de poner en el comienço
que amansa el dolor e defiende la
materia. Recipe una yema de hueuo e o
tro tanto de olio rosado e otro tanto
de çumo de berbena e una. ʒ. de a
çafran e dr. ʒ. de opio todas es
tas cosas sean mescladas e sea
fecho emplastro sobrel ojo me
diante paño sotil de lino. E otro
sea puesto el colirio blanco con le
che de muger que crie fija. el qual
compuso galieno. E llamolo p
uechoso por quanto aprouecha a a
quel para quien lo conpuso de una
postura. el qual se faze assi. Recipe al
uayalde corrupto. ʒ. ʒ. e destiem
plalo con agua sobre marmol di
ez dias tempandolo siempre co
bijado por que non entre el poluo.
E despues Recipe goma arauiga. ʒ. ij.
e si. e ponla en agua fasta que
se ablanda e desfaga toda en el agua
e estonce sea colada sobrel dicho
aluayalde e sean mesclados muy
bien con aquella melezina que es fe
cha assi como pasta e sea ama
sado poluo muy sotil de aquestas
cosas de amomo conuiene saber a
mydon. ʒ. iij. sarcacola. açafran.
opio. ana. quarta parte de una. ʒ. se
an todas aquestas cosas apretta
das poloradamente e sean fechas
pillozas pequeñas las quales se
an guardadas para el uso. E quando

[fol. 76v]
{CB2.
bermejor gra<n>de assi enla co<n>iunti(n)[u]a
com<m>o enla cornea & finche<n>se las
uenas dellas & lagrimea el rincon del ojo & son presentes fuertes dolores & punturas. & son
fechas enlos ojos lagan~as c'e-
rra<n>tes las palpebras. E algunas uezes parec'e<n> comje<n>c'os de
vlc'eras & son pu<n>tos pequen~os
blancos enla cornea. & la muy
gra<n>de es q<u>a`ndo no<n> parec'e cosa al-
gu<n>a dela cornea nj<n> dela co<n>iu<n>ti(n)[u]a
mas todo el ojo el lleno de bermejor
& las palpebras esta<n> retornadas
& los dolores son dolores muy fuertes. & esto es segu<n>d lo mas co<n>
postilla & pare segu<n>d lo mas ul-
c'eras. la cura delas q<u>a`les es u-
na. Emp<er>o segu<n>d mas & menos
La cura es ama<n>samj<ent>o` del dolor si
el dolor fuere muy fuerte. E ama<n>-
sado el dolor sea fecha sangria
dela c'efalica del brac'o del lado
del ojo dolie<n>te. si fuere en<e>l uno
ta<n> sola me<n>te. E si de ambos a dos
sea fecha la sangria del brac'o
derecho & sea sacada sangre segu<n>
el sofrimj<ent>o` del pac'ie<n>te & dela e-
dat & dela fortaleza o sea fecha
ve<n>tosac'io<n> enlas espaldas. E a-
q<ue>sto tiene mas lugar q<u>a`ndo la
ma<teri>a` es mas sangujnea & coleri-
ca. lo q<u>a`l conosc'eras por la ma-
yor inflamac'ion & mayor laga-
n~a mayor pesadu<m>bre conlas se-
n~ales ya dichas en ot<r>o` lugar si-
gnifica<n>tes sangre. E si la mat<er>ia
fuere colerica la q<u>a`l se conosc'e
por los gra<n>des & agudos dolor<e>s
& por la poca finchazo<n>. & por la a-
marillor delos ojos estonc'e sea
sangrado en menor (p) q<u>a`ntidat por
q<u>a`nto por la sangria es ama<n>sada
el agudeza dela colera. E despu<e>s}
{CB2.

sea p<ur>gado co<n> decoctio<n> de frutas de
los mirabolanos c'itrinos dicha
enel cap<itu>lo del alopic'ia. // E si la
ma<teri>a` fuesse calle<n>te co<n> algu<n>a p<ar>te
de ma<teri>a` gruessa mezclada lo qual
muchas vezes co<n>tec'e & oujesse<n>
passado algu<n>os dias. Estonc'e
no<n> ay melezina sobre las cochias
de rasis nj<n> q<ue> pueda ser co<m>p<ar>ada
con<e>llas. / Mitigatiuo muy bue-
no el q<u>a`l es de poner en<e>l comje<n>c'o
q<ue> ama<n>sa el dolor & defiende la
ma<teri>a`. / R<ecipe> vna yema de hueuo & o-
tro ta<n>to de olio rosado & ot<r>o` ta<n>to
de c'umo de berbena & una <onc'a> de a-
c'afran & vn <escrupulo> de opio / todas estas cosas sea<n> mezcladas & sea
fecho emplasto sobrel ojo me-
diante pan~o sotil de lino. & de<n>t<r>o`
sea puesto el colirio bla<n>co co<n> leche de muger q<ue> crie fija. el qual
compuso galieno. & llamolo p<ro>-
uecho por q<u>a`nto aprouecha a a-
q<ue>l p<ar>a quien lo co<m>puso de una
postura. el q<u>a`l se faze assi R<ecipe> al-
uayalde c'ernjdo .iiijo`. <onc'as> & destie<m>-
plalo co<n> agua sobre marmol di-
ez dias tenje<n>dolo siempre co-
bijado por q<ue> no<n> entre el poluo.
E dende R<ecipe> goma arauiga <dracmas> .ij.
& <media> & ponla en agua fasta q<ue>
se funda .i. deslia toda en<e>l agua`
& esto<n>c'e sea colada sobrel dicho
aluayalde & sea<n> mesclados muy
bie<n> co<n> aq<ue>lla melezina q<ue> es fecha assi com<m>o pasta & sea an~a-
dido poluo muy sotil. de aq<ue>stas
cosas (^de<n> anaxir) co<n>ujene saber de
anaxir <dracmas> .iij. sarcacola. ac'afran.
opio .ana`. q<u>a`rta p<ar>te de una <dracma> sean todas aq<ue>stas cosas ayu<n>ta-
das p<ro>lo<n>gada me<n>te & sea<n> fechas
pilloras peq<ue>n~as las q<u>a`les se-
an guardadas p<ar>a el uso. & q<u>a`ndo}

de la guerra uiniera sse con todo lo suyo
pora ihrlim. por seer y mas segura. ⁊ como
era muy rica troxiera grand algo. mas
todo gelo auien robado aquellos cabdiellos
de la nemiga. E si alguna cosa de comer
auie comprada por sus dineros toda gela
auien robada de las manos. assi q todol
auie fallecido: ⁊ no tenie q comiesse. ⁊
cuemo era mugier q fuera criada a grand
uicio: no podie comer las paias ni los
cueros crudos ⁊ duros. ⁊ fuel creciendo la fa
bre muy fuerte. de manera q perdie el
sentido. ⁊ auie un fijo pequenno q mama
ua. ⁊ ella cuemo no comie no auie leche
q̃l dar. ⁊ llorarua el ninno por comer. E
maria quando lo oye q̃brantal el coraçon.
⁊ non sabie que fiziesse de si ni del. E ue
yendo las grandes cruezas. ⁊ las malda
des q fazien los robadores. ⁊ q̃rando la la
grand rauia de la fambre: perdio el na
tural amor q madre deue auer contra fijo.
⁊ tornosse contral ninno ⁊ dixo. Que te
fare pequennuelo q te fare: Todas las
cosas de q estas cercado todas son crueas.
derrante la guerra ⁊ la fambre. el fuego
⁊ los ladrones. ⁊ otros muchos periglos.
E pues q yo e de morir aquien te acomen
dare. o cuemo te dexare a uidar cosa tan
pequenna: yo atendia q crecries. ⁊ go
uernaries ami cuemo a madre. ⁊ q me
soterraries quando muriesse. Mas q fare
agora mezquina: ca no ueo ningun ayuda
por q yo ni tu uenir podamos. pora quien
te guardare. o en q sepulcro te escondre
q te no coman los canes ni las aues ni
las bestias fieras. Mis dulces entrannas
⁊ miembros tan alegres. ante q uos des
truya la fambre de todo en todo: tornar
me lo q recibiestes de mi. ⁊ tornar uos
en aquella camara escondida en q recibies
tes espiritu de uida. ca en ella uos esta
guisada sepultura. fijo besar te. ⁊ pues
q te non puedo mantener pora amor:
auer te pora lo q eres mester. ⁊ combre
yo misma los mis miembros. ⁊ no por en
fintа. mas con muessos de uerdat. fizie
mos fasta aqui lo q fue de piedat. faga
mos agora lo q nos conseia la fambre.
E pero el tu fecho es meior ⁊ mas de pia
dat q el mio. ca yo deuia te criar cuemo
madre. ⁊ no matar te ni comer te como
bestia fiera. ⁊ tu q deuies seer criado: gou
naras la tu madre. Depues q esto ouo di
cho maria uoluio la cara a otra parte
⁊ degollo lo. ⁊ des q lo ouo degollado fizo lo
puestas. ⁊ metio lo al fuego a assar. ⁊ co
mio una partida del. ⁊ escondio lo al: por
q non gelo fallassen si sobreuiniessen al
gunos. mas la olor de la assadura llego
alos cabdiellos q guardauan la uilla. ⁊
fueron por ell olor fasta q llegaron ala ca
sa: ⁊ entraron dentro. ⁊ amenazaron a
maria de la matar. por q fuera osada de
comer ellos estando ayunos. ⁊ por q los
no fiziera parte del maniar q auie fal
lado. E ella dixo les de lo q yo comi una
parte uos alce. no lo tengades en desden
ca de mis entrannas uos guise yo comer.
⁊ seed caluego uos parare la mesa. Des q
ouo dicho esto. descubrio los miembros
q tenie assados. ⁊ puso ge los delante q
los comiessen. ⁊ dixo les. esta es la mi yan
tar: ⁊ he aqui uuestra parte. parar bien
mientes si uos enganne. he aqui ell
una mano del ninno: ⁊ he aqui ell un
pie. ⁊ la meatad de todell otro cuerpo.
⁊ por q no cuydedes q es ageno: ciertos seet
q es mio fijo. Nunqua me fuste fijo mas
dulce. ati he de gradecer por q so yo aun
uiua. la tu dulçor mantouo la mi alma.
⁊ alongo ala tu madre mezquina el dia
de la su muerte. Vinieron los q me q̃rie
matar. ⁊ oue de q los conuidasse. ⁊ auer
tan ellos otrossi q gradecer: pues q comi
eron su parte. E ella uio cuemo estauan
espantados los iudios por aquel fecho tan
estranno: ⁊ dixo les. Que tardades. o por
q aborrecedes en uuestros coraçones tan sabro
so maniar. o por q no comedes lo q comi
yo q era madre. Gostad ⁊ ueredes q dulce
es el mi fijo. No querades seer mas pia
dosos q la madre. ni mas flacos q la mu
gier. Tales comeres guise yo cuemo esto.
mas uos me fiziestes por q yo de tal gui
sa yantasse. Duelo auia yo. mas uenci
ome la cuyta. Des q ella ouo esto dicho
fueron se luego aquellos q y uinieran ⁊ fue
assoora llena toda la uilla de las nueuas
daquel peccado ⁊ daquella nemiga tamaña.
E espantauan se todos ⁊ aborrecien de oyr
fablar de tan estranno comer. E no se
tardo mucho q lo sopieron los Romanos

[fol. 83r]
{CB2.

de la guerra uinierasse con todo lo suyo pora ih<e>r<usa>l<e>m. por seer y mas segura. & como era muy rica troxiera grand algo. mas todo gelo auien robado aq<ue>llos cabdiellos de la nemiga. E si alguna cosa de comeR auie comprada por sus dineros toda gela auien robada de las manos. assi q<ue> todol auie fallecido; & no tenie q<ue> comiesse. & cuemo era mugier q<ue> fuera criada a gra<n>d uicio; no podie comer las paias ni los cueros cruos & duros. & fuel crecie<n>do la fa<m>bre muy fuerte. de manera q<ue> perdie el sentido. & auie un fijo peq<ue>nno q<ue> mamaua. & ella cuemo no comie no auie leche q<ue>l dar. & lloraua el ninno por comer. E maria qua<n>do lo oye q<ue> braual el corac'on. & non sabie que fiziesse de si ni del. E veyendo las grandes cruezas. & las maldades q<ue> fazien los robadores. & q<ue>xando la la grand rauia de la fambre; perdio el natural amor q<ue> madre deuie auer co<n>tra fijo. & tornosse contral ninno & dixo. Que te fare peq<ue>nnuelo q<ue> te fare? % Todas las cosas de q<ue> estas cercado todas son cruas. Cercante la guerra & la fambre. el fuego & los ladrones. & otros muchos periglos. e pues q<ue> yo e de morir aquie<n> te acomendare. o cuemo te dexare a uida cosa tan pequenna? Yo atendia q<ue> crecries. & gouernaries ami cuemo a madre. & q<ue> me soterraries quando muriesse. Mas q<ue> fare agora mezquina; ca no ueo ni<n>gun ayuda por q<ue> yo ni tu ueuir podamos. pora quie<n> te guardare. o en q<ue> sepulcro te escondre q<ue> te no coman los canes ni las aues ni las bestias fieras. Mis dulces entra<n>nas & mie<m>bros tan alegres. ante q<ue> uos destruya la fambre de tod en todo; tornat me lo q<ue> recibiestes de mj. & tornat uos en aq<ue>lla camara escondida en q<ue> recibiestes espirito de uida. ca en ella uos esta guisada sepultura. fijo besar te. & pues q<ue> te non puedo mantener pora amor; auer te pora lo q<ue> eres mester. & combre yo misma los mis mie<m>bros. & no por en-

finta. mas co<n> muessos de uerdat. Fiziemos fasta aqui lo q<ue> fue de piedat. fagamos agora lo q<ue> nos conseia la fambre. E pero el tu fecho es meior & mas de piadat q<ue> el mio. ca yo deuia te criar cuemo madre. & no matar te ni comer te como}
{CB2.
bestia fiera. & tu q<ue> deuies seer criado; gou<er>naras la tu madre. Depues q<ue> esto ouo dicho maria uoluio la cara a otra parte & degollo lo. & des q<ue> lo ouo degollado fizo lo puestas. & metio lo al fuego a assar. & comio una partida del. & escondio lo al; por q<ue> non gelo fallassen si sobreuiniessen algunos. mas la olor de la assadura llego alos cabdiellos q<ue> guardaua<n> la uilla. & fueron por ell olor fasta q<ue> llegaro<n> ala casa; & entraron dentro. & amenazaro<n> a maria de la matar. por q<ue> fuera osada de comer ellos estando ayunos. & por q<ue> les no fiziera parte del maniar q<ue> auie fallado. % E ella dixo les de lo q<ue> yo comj u<uest>ra parte uos alce. no lo tengades en desden ca de mis entrannas uos guise yo comer. & seed ca luego uos parare la mesa. Des q<ue> ouo dicho esto. descubrio los miembros q<ue> tenie assados. & puso ge los delante q<ue> los comiessen. & dixo les. esta es la mi yantar; & he aqui uuestra parte. parat bie<n> mientes si uos enganne. he aqui ell una mano del ninno; & he aqui ell un pie. & la meatad de todell otro cuerpo. & por q<ue> no cuydedes q<ue> es ageno; ciertos seet q<ue> es mio fijo. Numqua me fueste fijo mas` dulce. ati he de gradecer por q<ue> so yo aun uiua. la tu dulc'or mantouo la mi alma. & alongo ala tu madre mezquina el dia de la su muerte. Vinieron los q<ue> me q<ue>rie<n> matar. & oue de q<ue> los conuidasse. & auer tan ellos otrossi q<ue> gradecer; pues q<ue> comjeron su parte. % Ella uio cuemo estaua<n> espantados los iudios por aq<ue>l fecho tan estranno; & dixo les. Que tardades. o por q<ue> aborrecedes en u<uest>ros corac'ones ta<n> sabroso maniar. o por q<ue> no comedes lo q<ue> comj yo q<ue> era madre. Gostad & ueredes q<ue> dulce es el mi fijo. No querades seer mas piadosos q<ue> la madre. ni mas flacos q<ue> la mugier. Tales comeres guise yo cuemo estos`. mas uos me fiziestes por q<ue> yo de tal gui-

sa yantasse. Duelo auia yo. mas uenci-ome la coyta. % Desq< ue> ella ouo esto dicho fueron se luego aq< ue> llos q< ue> y uiniera< n> . & fue a sso ora llena toda la uilla de las nueuas` daq< ue> l peccado & daq< ue> lla nemiga tama< n> na. E espantauan se todos & aborrecie< n> de oyr fablar de tan estranno comer. % E no se tardo mucho q< ue> lo sopiero< n> los Romanos}

Estoria de Espan˜a (Escorial: Monasterio, Y.I.2) 83r

dixe q̃ era tan grãde como vn asno: ⁊ yo me quiero emẽdar. ca nõ era mayor q̃ vna vezerra dixo el cauallero: nõ tengo yo cuydado de tu raposa: si sea grãde / o pequeña. Dende ellos llegarõ en vn otro rio. E el escudero cõla quexa q̃ traya començo a dezir: este deue ser el rio dl peligro. Respondio el cauallero. avn nõ llegamos alla. el escudero torno a dezir: por causa delo que dixe dela raposa de oy digo esto. por cierto nõ era mayor q̃ vn carnero. El señor mirando en todo lo q̃ el escudero avia dicho. dixo le. dexa me ya de tu raposa ⁊ fabla de otra cosa: ⁊ como llegassen ya ala tarde al grand rio. dixo el escudero: ya piẽso que sea este el rio de que auemos fablado. el cauallero dixo que es verdad que aquel es el rio de grãdes marauillas. el escudero cõ grãd miedo ⁊ lleno de vergueuça dixo assi. señor yo me confiesso ati la mẽtira que dixe cerca dela raposa. ca yo te juro por la mi cabeça que aq̃lla raposa que yo vi en aquella otra region. nõ era mayor que la que oy vimos. Entonces el cauallero con juego: ⁊ risa increpando lo. dixo le. ⁊ yo te juro assi mesmo: q̃ esta agua deste rio nõ es peor ni mas peligrosa que otras aguas. Esta fabula reprehende ⁊ amonesta los mentirosos que sin mesura mienten. q̃ se emiẽden. porque muchas vezes ellos mesmos son deduzidos ⁊ traydos dlos prudentes aque se cõtradigã assi mesmos reuocãdo las mẽtiras por sus bocas mesmas

Aqui se acaban las fabulas extrauagãtes antiguas del ysopo. nõ se si son atribuydas a el verdaderamente / o en fingidamente.

Siguen se algunas fabulas del ysopo dela trãslacion nueua de remicio.

La primera fabula dela aguila ⁊ del cueruo:

1 A aguila volando de vna peña alta rebato ⁊ tomo vn cordero de vna manada de ouejas leuando lo en alto. E viendo esto el cueruo mouido de jmbidia va se volando contra vn carnero cõ grãd estruẽdo ⁊ boz pẽsando de tomar ⁊ leuar el carnero como la aguila. el q̃l se emboluio ⁊ implico sus vñas enla lana del carnero: de manera q̃ nõ pudo por mucho q̃ batia las alas descabulir ⁊ salir se del bellocino dl carnero, E como lo viesse el pastor assi estar

[fol. 77r]
{HD. De remisio \ XC}
{CB1.
dixe q< ue> era tan gra< n> de como vn asno: & yo me quiero eme< n> dar. ca no< n> era
mayor q< ue> vna vezerra dixo el cauallero: no< n> tengo yo cuydado de tu raposa: si sea gra< n> de / o pequen˜a. Dende ellos llegaro< n> en vn otro rio. E
el escudero co< n> la quexa q< ue> traya come< n> c'o a dezir: este deue ser el rio d< e> l peligro. Respondio el cauallero. avn no< n> llegamos alla. el escudero tor-
no a dezir: por causa delo que dixe dela raposa de oy digo esto. por cierto no< n> era mayor q< ue> vn carnero. El sen˜or mirando en todo lo q< ue> el escudero avia dicho. dixo le. dexa me ya de tu raposa & fabla de otra cosa: & como llegassen ya ala tarde al grand rio. dixo el escudero: ya pie< n> -
so que sea este el rio de que auemos fablado. el cauallero dixo que es
verdad que aquel es el rio de gra< n> des marauillas. el escudero co< n> gra< n> d
miedo & lleno de verguenc'a dixo assi. sen˜or yo me confiesso ati la me< n> -
tira que dixe cerca dela raposa. ca yo te juro por la mi cabec'a que aq< ue> -
lla raposa que yo vi en aquella otra region no< n> era mayor que la que
oy vimos. Entonces el cauallero con juego: & risa increpando lo. dixo le. & yo te juro assi mesmo: q< ue> esta agua deste rio no< n> es peor ni< n> mas
peligrosa que otras aguas. Esta fabula reprehende & amonesta los
mentirosos que sin mesura mienten. q< ue> se emie< n> den. porque muchas vezes ellos mesmos son deduzidos & traydos d< e> los prudentes aque se
co< n> tradiga< n> assi mesmos reuoca< n> do las me< n> tiras por sus bocas mesmas

{RUB. Aqui se acaban las fabulas extrauaga< n> tes antiguas
del ysopo. no< n> se si son atribuydas a el verdaderamente / o en fingidamente.}

{RUB. Siguen se algunas fabulas del ysopo dela
tra< n> slacion nueua de remicio.}

{RUB. La primera fabula dela aguila & del cueruo:}

{IN3.} (l)[L]A aguila volando de vna pen˜a alta rebato & tomo vn cordero de vna manada de ouejas leuando lo en alto. E viendo esto el cueruo mouido de jmbidia vase volando contra
vn carnero co< n> gra< n> d estrue< n> do & boz pe< n> sando de tomar & leuar el carnero como la aguila. el q< u> a`l se emboluio & implico sus vn˜as enla lana del
carnero: de manera q< ue> no< n> pudo por mucho q< ue> batia las alas descabulir
& salir se del bellocino d< e> l carnero. E como lo viesse el pastor assi estar}
{CW. D j}

q̃ fuesse siempre nol aya ni alegria
solaz en q̃ todos los moros folgauã
et allie plazer. ¶ Vueynarach. lm hu
lebuch anneleoch en q̃ bazar ni atr
almatai vãni anquinilbar alq̃bar gua
on aliaz al q̃ hu q̃ maar buxer oza
tur. ¶ Et si dios q̃siere q̃ en todo en
todo te ayas de p[er]der desta uez sera
por los tus grandes pecados et por los
grandes atreuimientos q̃ ouiste en tu
soberuia. ¶ Tauil arwainiar q̃bar alle
di [...] alomba mubina. meirdai v
aftamar aula amelia bugn hanc hu
eliz yagdaru. ¶ Las puertas q̃ te p[...]
estan cabdales sobre q̃ tu fuste firm
[...] q̃ere se [...] por fazer grant [...]
[...] por ti et no pueden. ¶ Facer alahi
dira. mataar al[...] bimi adele alar
ba abyia. yo vaetar [...] uar huarir
yra ynacad bacar atara marker. ¶ Si
[...] muy [...] muy [...] sob[...] q̃ tu p
[...] ra se es[...] iesce
todo et q̃en caer en poco la fuerça q̃ a
ue. ¶ Alabarach alalya machaaral
malah alledi taobar nubart z [...]
amiraz marabar let ruay [...]
rira. ¶ Las tus muy altas [...] et muy
fermosas q̃ de lexos parecian [...]
[...] los coraçones del tu pueblo po
co a poco se ua caye[ndo]. ¶ Ararai if. al
bir machaar alledr nubart q̃tarar
ar cadhacarar. yaratara alledy q̃ni
bar liria liremi. ¶ Las tus muy bla
cas almenas q̃ de lexos muy bien relu
ziã y p[er]diã han la [...] q̃ bien
parescia al sabor del sol. ¶ Abluer alma
lech mataar alq̃bir buer aluai ma
lemi alohar alledy tuur aicamiehu gid
magdil cadbarach minhadu huey an
yr arlisqui luremi. ¶ Et tu muy no

ble rio cabdal guadalhuar [...]
las otras aguas de q̃ te tu muy bi
fuiste salido es de madre et ua [...]
yenie. ¶ Ceuaq̃r acafia allavi[...]
q̃ rantafa antabacha q̃r aralarar
megandara huo en nora [...] anq̃a.
hyramiri. meli muhami. ¶ Las tus
acequias claras de q̃ mucho a pueda
uas se tornaro turbias et calamẽ
gua del aluo paruiento llenas uan
de muy grant cieno. ¶ Agenuatar
alunlach alfarira alle diu haulat.
acaba almocor afarle [...] alocol hu
eliz cerdat [...] nahuiar. ¶ Los
tus nobles et uiciosas huertas q̃
eran derredor de ti son [...] todo tam
oso les cayo la [...] no pue
de dar flor. ¶ Oantarar [...] al
ledi qui hiha amaha [...] alm
irah elledi q̃ bado hihi ehler [...]
anq̃ab vaqr valeter. ¶ Los tus m
uy nobles prados en q̃ muy fremo
sas flores et muchas auie otorna
ua el tu pueblo muy grant alegria
todas son ya secas. ¶ Ayarir alma
lech allexi q̃ rgir aura menar car
ma enq̃lira m cobe. vacas [...]
ol malha alleor q̃ner tigie men[...]
¶ Et tu muy noble puerto de ma[...]
q̃ tu tomauas muy grant onrra
menguado es delas nobles [...]
te solien uenir amenudo. ¶ [...]
ytao. muy a tora anq̃bar alle[...]
remcemi calarina micadim [...]
tar abra cobu. huaq̃r [...]
han. ¶ Et tu muy grant [...]
lamauas señora antigua los [...]
os lo an q̃mado et asi legã [...]
grandes fumos. ¶ Juam [...]
al q̃ birlis yugee badohu hua[...]

Plate 39 (transcription)

[fol. 207v]
{CB2.
q<ue> fueste siempr<e> nobleza et aleg<r>i`a et
solaz en q<ue> todos los moros folgaua<n>
et auie<n> plazer {RUB. {ARB. Bueynarach. hu hu-
lebuch anneleoch enra<n> harar ni<n> ade
almara ya<n>tu<n> anzunubat alq<u>i`bar gua-
on aliaz alq<u>i`hu q<u>e` <m> maat bicoet ora-
tut.}} % Et si dios q<u>i`siere q<ue> en todo en
todo te ayas de p<er>der desta uez sera
por los tus grandes pecados et por los`
gra<n>des atreuimie<n>tos q<ue> ouiste co<n> tu
soberuia % {RUB. {ARB. Auil arboahijar q<ue>bar alledi Cu<n>t alohi. ha. mubuia. hierdai y
astamad auia amelia huzn hanc hu-
eliz yagdaru.}} % Las p<r>i`meras q<u>a`tro piedras cabdales sobr<e> q<ue> tu fuste firm-
ada q<u>i`ere<n> se aju<n>tar por fazer gra<n>t du-
elo. por ti et no<n> puede<n> % {RUB. {ARB. Cacor alaha-
dim. mataat alledi bimi ahele alar-
ba a(^b)[^y]yiar yo yartax huat huarit
yta ynacad hacar atata mathet.}} % El
tu muy noble muro q<ue> sobr<e> estas q<u>a`tro pi-
edras fue leua<n>tado ya se estremesc'e
todo et q<u>i`er caer ca p<er>dio la fuerc'a q<ue> a-
uie. % {RUB. {ARB. Alabarach alalya mathaat al-
malah alledi tadhar ni<n>bayt & ycelli-
amitaz matahat leexuay xuay [*uri]c-
tica.}} % Las tus muy altas torres et muy
fermosas q<ue> de lexos parescia<n> & co<n>for-
taua<n> los corac'ones del tu pueblo po-
co a poco se ua<n> cayendo. % {RUB. {ARB. Axararif. al-
bit mathaat alledy nu<n>bayt q<u>i`taxar-
at cadhacarat. xarataha alledy q<u>i`dra-
har lixia lixems.}} % Las tus muy bla<n>-
cas almenas q<ue> de lexos muy bie<n> relu<n>-
bra(<n>)ua<n> p<er>dida han [*s]u beltat co<n> q<ue> bien
paresc'ia<n> al Rayo del sol {RUB. {ARB. Abluet alma-
lech mataat alq<u>i`bir huet aluiar ma-
lemi alohar alledy tuit arcam<n>eha gid
magdu<n> cudharach minhadu huey an-
xi aylizq<ue>m luyemxi.}} % El tu muy no-ble}
{CB2.
Rio cabdal guadalhyar co<n> [*toda]s
las otras aguas de q<ue> te tu muy bie<n>
s<er>uies salido es de madre et ua o no<n>
deuie. % {RUB. {ARB. Ceuaq<u>i`t ac'afia alladi q<u>i`tir

q<ue> tantafa antabuha q<ue>t araiahat megandara huo en nota<n> atanq<u>i`a. hytanixi. meli muhamj.}} % Las tus` ac'eq<u>i`as claras de q<ue> mucho ap<ro>uech[*a]- uas se tornaro<n> turbias et co<n> la me<n>- gua del alinpiamie<n>to lle<n>nas uan de muy gra<n>t cieno. {RUB. {ARB. Agenuatat alunlach alfarira allediu<n> hauilat acaba almocor afarle h<??> aloc'ol hu- eliz cetdar taaci nahutar.}} % Las tus nobles et uiciosas huertas q<ue> en derredor de ti son el rilobo raui- oso les cauo las Raizes et no<n> pue- de<n> dar flor {RUB. {ARB. Mararac almpiat al- ledi qu<n> fiha amahaar alq<ue>ura alm- irah elledi q<u>i` hado fiha ehlet c'oror anq<u>i`lib yaq<ue>t yabetet.}} % Los tus m- uy nobles prados en q<ue> muy fremo- sas flores et muchas auie o toma- ua el tu pueblo muy gra<n>t aleg<r>i`[*a] todas son ya secas. % {RUB. {ARB. Marit alma- lech alledi q<ue> t<r>i`git auta m<n>ehat cara- ma en q<u>i`lira ya cohc. vaces nutiuu- ol malha alledi q<ue>nec tigie menhe.}} % El tu muy noble puerto de mar de q<ue> tu tomauas muy gra<n>t onrra ya menguado es delas noblezas q<ue> [*p][or el] te solien venir a menudo. % {RUB. {ARB. Bahy e- ytao. muy atora anq<u>i`bar alledi q<u>i`- temc'emi c'alatiua mi<n>cadim anar- tat abra coha. huaq<ue>c yacil illeit ado- han.}} % El tu muy gra<n>t t<er>mino de q<ue> te lamauas se<n>nora antigua los fueg- os lo an q<ue>mado / Et ati lega<n> ya los grandes fumos. % {RUB. {ARB. Buamaz darat alq<ue>birlis yugec badohni hualhu.}}}

de loar A quien loe
que fue amor . q̃ mucho ame
e despues . de palmas suelo
al rey noble . vr̃o avuelo
de quien honrras . alcançe
que mantego . mantene

El qual . por quien yo grite
quel quiera . dios perdonar
me dio su . vanda e collar
segunt que . lo provare
non digo mas . nin dire
que fechos buenos . lo saben
aun que algunos . se alaben
de trobar . yo callare
o quiça . Responde re

Por este señor . sobre
Jorden de . Cavalleria
e con gran . franquesa vudia
me casso . con quien casse
Deste Rescebi . e tome
muchos bienes e merçedes
pues en su . corte ya vezes
sy perdi . O ssy gane
sabe Dios . como e por q̃

Señor despues . que troq̃
los troques . quel mundo troca
non puede . fablar mi boca
quantos . trabajos passe
con el noble . que adore
vr̃o padre . un Rey profundo
bueno a dios . e bueno al mundo
esto yo . lo Jura re .

Este desir fiso e ordeno micer
frañçisco ynperial natural de jeno
ua estante e morador q̃ fue en la
muy noble çibdat de sevilla el
q̃l desir fiso al nasçimiento de nr̃o señor
el Rey don juan quando nasçio en la
çibdat de toro año de M̃. cccc. V años
e es fecho e fundado de fermosa
e sotil jnvençion e de linadas
. Diçiones

En dos setecientos . e mas dos treses
passava el aurora . viniendo el dia
viernes primero . del terçero mes
non se sy velava . ni se sy dormia
oy en boz alta . o dulçe maria
a guissa de dueña . que estava de pero
e dio tres gritos . e sy dixo a questo
valed me señora . esperança mia

En boses mas baxas . le oy desir
salve Regina . salvad me señora
e alas de vezes . me paresçie oyr
mod hed god hep . al ubmud magora
a guissa de dueña . que devota ora
quam bonus deus . le oy Rezar
e oy le a manera . de apia Marçayha bical habin . al cabila mora

Abri los ojos . e vime en un prado
de candidas rrossas . e flores olientes
de verdes laureles . todo çercundado
a guissa de cava . de dos bivas fuentes
nasçia a un arroyo . de aguas corrientes
caliente la una . e la otra fria
e una con otra . non se bolvia
otro tal nunca vieron . los ojos biviente

La calda corria . por partes de fuera
segunt mi abisso . creo que seria
por guarda del prado . aquesto de lugar era
tan fuerte mente . tanto ferui a
por partes de dentro . la fria corria
de que se bañava . las Rossas e flores
cantavan lugares . a los sus señores
como acostumbra . al alva del dia

El rronper del agua . eran tenores
que con las dulçes . aves concordavan
en bozes baxas . e de las mayores
ducaynas e farpas . otros sy sonavan
e oy personas . que manso cantavan
mas por distançia . non las entendia
e tanto era su grant melodia
que todas las aves . mucho se alegravan

Plate 40 (transcription)

[fol. 68v]
{CB2.
de loar A qujen Loe
que fue amor /. q<ue> mucho ame
& despues /. de palma & suelo
a rrey noble /. v<uest>ro avuelo
de quje<n> honrras /. alcanc'e
que mante[<n>]go /. [&] manterne

El qual. por quje<n> rrogare
quel quiera /. dios perdonar
me dio su /. vanda & collar
segu<n>t que /. lo prouare
non digo mas /. nj<n> dire
que fartos buenos /. lo sabe<n>
avn que algu<n>os /. se alaben
de trobar /. yo callare
o qujc'a /. ResPondere

Por este sen˜or /. Cobre
orden de /. Caualleria
& con gran /. franq<ue>za vn dia
me casso /. Con quje<n> casse
Deste Resc'ebi /. & tome
muchos bienes / & mercedes
pu<e>s en su /. corte ya vedes
sy perdi /. O ssy gane
sabe Dios /. com<m>o & por q<ue>

Sen˜or despues /. que troq<ue>
los troques /. quel mu<n>do troca
non puede. fablar mj boca
qua<n>tos /. trabajos passe
conel noble /. que adore
v<uest>ro padre /. vn Rey profu<n>do
bueno a dios /. & bueno al mu<n>do
esto yo /. Lo Jurare/.

{RUB. Este dezir fizo & ordeno mjc'er
fra<n>c'isco ynperial natural de jeno-
ua estante & morador q<ue> fue enla
muy noble c'ibdat de seujlla el
q<u>a`l dezjr fizo al nasc'imj<ent>o` de n<uest>ro sen˜or`
el Rey don jua<n> q<u>a`ndo nasc'io enla
c'ibdat de toro an˜o de M.cccc.vo` an˜os`.
& es fecho E fundado de fermosa
& sotil Jnvenc'ion E de limadas

Dic'iones}}
{CB2.
En dos setec'ie<n>tos /. & mas doss & tres
passando el aurora /. vinjendo el dia
viernes p<r>i`mero /. del terc'ero mess
no<n> se sy uelaua /. nj se sy dormja
oy en boz alta /. o dulc'e marya
a gujssa de duen~a /. que estaua` de p<ar>to
& dio tres gritos /. de sy dixo el q<u>a`<r>to
valed me sen~ora /. espera[<n>]c'a mja

En bozes mas baxas /. le oy dezjr
salue Regina /. saluad me sen~ora
& alas de vezes /. me paresc'ie oyr
{ENG. modhed god hep} /. alu<n>brad magora`
& a guissa de duen~a /. q<ue> deuota ora
{LAT. quam bonus deus} /. le oy Rezar
& oyle a manera /. De apiaDar
{ARB. c'ayha bical habin /. al cabila mora}

Abri los ojos /. & vime en vn prado
de candidas rrossas /. & flores olie<n>tes`
de verdes laureles /. todo c'ircu<n>dado
a guisa de caua /. de dos biuas fue<n>t<e>s
nasc'ia vn arroyo /. de aguas corrie<n>t<e>s
caliente la vna /. & la otra frya
& vna con otra /. no<n> se boluja
otro tal nunca viero<n> /. los ojos` biuje<n>t<e>s`

La calda corria /. por partes de fuera
segu<n>t mj abisso /. creo que seria
por guarda del prado /. a g<u>i`s de lussera
tan fuerte mente /. tanto feruja
por partes de dentro /. la fria corria
de que se van~aua<n> /. las Rossas & flor<e>s
cantaua<n> lugaros /. alos rruysen~or<e>s
com<m>o acostu<n>bra<n> /. al alua del dia

El rronper del agua /. era<n> tenores
que co<n>las dulc'es /. aues concor`daua<n>
en bozes baxas /. & delas mayores
duc[']aynas & farpas /. ot<r>o` sy son~aua<n>
& oy personas /. que manso ca<n>taua<n>
mas por distanc'ia / no<n> las ente<n>dia
& tanto era / su grant meLodia
que todas las aues /. mu<n>cho se alegraua<n>}

Plate 41

La bestia maledita : llena de [illegible]
Como forma de carne : e humana figura
Parosseli delante : en vna angustura
Diziendoli palabras : fuertes e de pabura
Millan, dixo el demon : as mala costumbre
Eres muy cambiadizo : nõ [illegible] firmedũbre
Semeias en tus dichos : [illegible] mãsedũbre
Amarguean tus fechos : mas q̃ la fuerte [illegible]
Qñdo pmera mente : veniste en este logar
Non te pagueste delli : ouiste lo a dexar
Entreste alos montes : por amj guerrear
Dezias que al poblado : nũca q̃rrias tornar
En cabo qñdo eras : [illegible] del passamiento
De tornar al poblado [illegible] de grãt [illegible]
Tornesti a uergeio : estouiste entre poco [illegible]
Plegaua con las tus nuevas : poco a esse conuento
Dexeste a sancta celalia : por grant [illegible]miento
Nolo dixisti grãs : en tu despedimiento
Aun agora q̃eres : fazer otro poblamiento
Bien me ten por babieca : si yo todo consiento
Dezir te vna cosa : en tengo la asmada
Que la luchemos ambos : q̃l tenia la posada
Deuela el cayido : cosa es aguysada
Finque en paz el otro : la guerra destaiada
Luego que esto dixo : la bestia en[illegible] nada
Quiso en el santo omne : meter mano y[illegible]
Abrazose con elli : pararli gran celada
Mas no li valio todo : vna nuez forada
El confessor preçioso : fizo su oraçion
Sennor que por tus sieruos : q̃sisti tomar passion
Tu me defendi oy : desta tan fuerte bestion
Como el sea vençido : e yo sin lesion

Plate 41 (transcription)

[fol. 122r]
{CB1.
% {IN1.} La bestia maledicta: llena de tr[*a]uessura
{IN1.} Tomo forma de carne: e humana figura
{IN1.} Parosseli delante: en vna angustura
{IN1.} Diziendoli palabras: fuertes e de pabura
% {IN1.} Millan. dixo el demon: as mala costunbre
{IN1.} Eres muy cambiadizo: no<n> traes firmedu<n>bre
{IN1.} Semeias en tus dichos: [*q]ue traes ma<n>sedu<n>bre
{IN1.} Amarguean tus fechos: mas quela fuert calu<n>bre
% {IN1.} Q<u>a`ndo p<r>i`mera mente: uenjste eneste logar
{IN1.} Non te paguesti delli: oujste lo a dexar
{IN1.} Entresti alos montes: por amj guerrear
{IN1.} D[*e]zias que al poblado: nu<n>ca q<ue>rrias tornar
% {IN1.} En cabo q<u> a`ndo eras: cerca del passamjento
{IN1.} De tornar al poblado: tomo te gra<n>t taliento
{IN1.} Tornesti a uerc'eo: estouiste ende poco t<iem>po
{IN1.} Pl'azia con las tus nuebas: poco a esse conue<n>to
% {IN1.} Dexeste a sancta eolalia: por grant aliu[*ia]mjento
{IN1.} Nolis dixisti gra<cia>s: en tu despidimjento
{IN1.} Aun. agora q<u>i`eres: fazer otro poblamjento
{IN1.} Bien me ten por babieca: si yo telo co<n>siento
% {IN1.} Dezir te vna cosa: ca tengo la asmada
{IN1.} Que la luchemos ambos: q<u>a`l terna la posada
{IN1.} Dexela el caydo: cosa es aguysada
{IN1.} Finque en paz el otro: la guerra destaiada
% {IN1.} Luego que esto dixo: la bestia enconada
{IN1.} Quiso en el santo om<n>e: meter mano yrada
{IN1.} Abrac'arse con elli: pararli c'ancajada
{IN1.} Mas no<n> li ualio todo: vna nuez foradada
% {IN1.} El confessor precioso: fizo su orac'ion
{IN1.} Sennor que por tus sieruos: q<u>i`sisti tomar passion
{IN1.} Tu me defendi oy: desti tan fuerte bestion
{IN1.} Como el sea uenc'ido: e yo sin lesion}

Plate 42

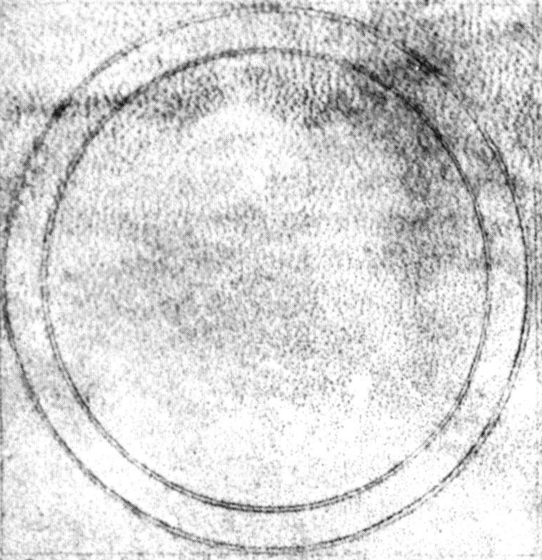

De la piedra que a nombre bizech.

Bizech es otrossi la sesta piedra delas
del sol. Et a tal uertud. que el que la
touiere consigo seyendo el sol en la primera faz de leon. et que sea el en el ascendente.
et en la primera faz del: tuelle los malos pen-
samientos. et sana las dolores del figado. et del es-
tomago. Pero esto muestra mas complida miente descendiendo sobre esta piedra la uertud de
figura de un omne leuantado en pie que tiene en
su mano diestra un asta

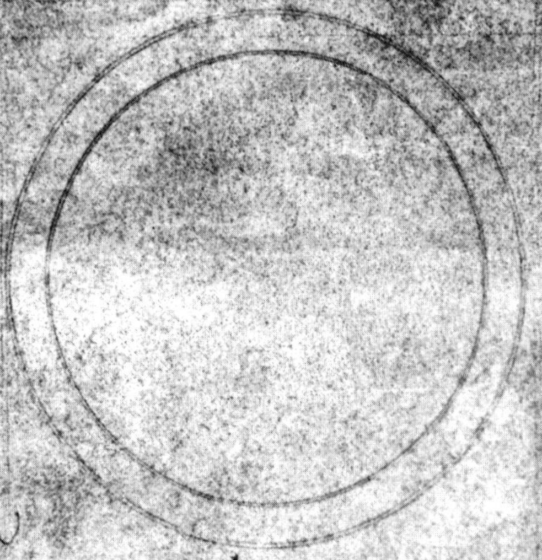

De la piedra que dizen negra:

La setena piedra del sol es de color negra
pero es clara que la passa el uiso bien
como al cristal. Et la uertud della es atal
que qui la trae consigo seyendo en ella sennala

das estas figuras de letras que aqui son escriptas: seria encubierto de uista delos omnes. Pero
esto seria mas complida miente en la hora del
sol. et descendiendo sobre esta piedra la uertud de
tales figuras como estas
en estonce puede seer. et non en otra sazon: De
la piedra a que dizen alambre.

Alambre en arauigo. et alambre en este
romanz a nombre la .viii. piedra del
sol. Et su uertud es atal. que quien
la touiere consigo quando entrare el sol en el primero grado dela mansion que es dicha carfa. et es
en el signo de leon. et que sea este mismo signo en
el ascendente. et en la hora de uenus. et entrare ante rey. o ante algun omne poderoso a que aya miedo: nol fara mal. ante lo terna [illegible]
Et es otrossi buena alos que andan camino et
an miedo de ladrones. o de enemigos que les fagan mal. et presta mucho alos que son feridos de
culuebras o de alacranes. o de otra bestia enpozo-
nada. De la piedra que a nombre [illegible]:

[illegible] es piedra que [illegible]
es toda del sol. et en ella
muy grand poder [illegible]
Onde qui esta piedra to-
uiere consigo en hora de
uenus seyendo ella en su
exaltation et en su ascenden-
te. et catada de iupiter de buen catamiento: seria amado. et bien quisto delos omnes et [illegible]
del. Pero esto se muestra mas complida miente
descendiendo sobre esta piedra la uertud de figura
de mugier que tiene en la mano diestra maçana.
et en la siniestra un peyne fecho como tabla en
que esten tales figuras como aqui estan figu-
radas. Et el rostro dela
mugier que sea de aue. et los pies de aguila

Plate 42 (transcription)

[fol. 105r]
{HD1. DEL SOL}
{HD2. DE UENUS}
{CB2.
{=DIAG: unfinished.}
{RUB. Dela piedra que a nombre bizedi.}
{IN3.} Bizedi es otrossi la sesta piedra delas
del sol. % Et a tal uertud. que el quela
touiere consigo seyendo el sol en la primera faz de leon. & que sea el en el ascendente
& en la primera faz del; tuellel los malos pen-
samientos. & sana las dolores del figado. & del es-
tomago. % Pero esto muestra mas complida miente descendiendo sobresta piedra la uertud de
figura de un om< n > e leuantado en pie q< ue > tiene en
su mano diestra un asta
{=DIAG: unfinished.}
{RUB. Dela piedra que dizen negra.}
{IN3.} La setena piedra del sol es de color negra
pero es clara que la passa el uiso bien
como al xp< ist > al. % Et la uertud della es atal
que qui la t< r > a` < xie > re consigo seyendo en ella sennala-das}
{CB2.
estas figuras de letras que aqui son escriptas; sera encubierto de uista delos om< ne > s. % Pero
esto sera mas complida miente en la hora del
sol. & descendiendo sobresta piedra la uertud de
tales figuras como estas {SYMB. {BLNK.}}
ca estonce puede seer & non en otra sazon. {RUB. De
la piedra aque dizen alambre.}
{IN3.} Carabe en arauigo. & alambre en este
romanz a nombre la .viij. piedra del
sol. % Et su uertud es atal. que quien
la touiere consigo quando entrare el sol en el p< r > i`-
mero grado dela mansion que es dicha c'arfa & es
en el signo de leon. & que sea esse mismo signo en
el ascendente. & en la hora de uenus. & entrare ante rey. o ante algun om< n > e poderoso aque aya miedo; nol fara mal. antel recibra bien el onrrara.
% Et es otrossi buena alos que andan camino &
an miedo de ladrones. o de enemigos que les fagan mal. & presta mucho alos que son feridos de
culuebras o de alacranes o de otra bestia enpozo-
nada. {RUB. Dela piedra que a nombre robi.}
{IN7.} [R]Obi es piedra que maga`r
es toda del sol; a en ella
muy grand parte uen< us > .

Onde qui esta piedra to-uiere consigo en hora de uenus seyendo ella en su exaltation & en su ascende< n > -(den)t. & catada de iupiter de bon catamiento; se-ra amado & bien quisto delos om< ne > s. & diran bie< n > del. ℅ Pero esto se muestra mas complida mie[< n >]te descendiendo sobresta piedra la uertud de figura de mug< ie > r que tiene en la mano diestra mac'ana. & en la siniestra un peyne fecho como tabla en que esten tales figuras como aqui estan figu-radas. {SYMB. {BLNK.}} Et el rostro dela mugier que sea de aue; & los pies de aguila.}

Lapidario (Escorial: Monasterio, h.I.15) 105r

ASCII character set

				BIT 7	0	0	0	0	1	1	1	1
				BIT 6	0	0	1	1	0	0	1	1
				BIT 5	0	1	0	1	0	1	0	1
BIT 4	BIT 3	BIT 2	BIT 1	COL / ROW	0	1	2	3	4	5	6	7
0	0	0	0	0	NUL	DLE	SP	0	@	P	`	p
0	0	0	1	1	SOH	DC1	!	1	A	Q	a	q
0	0	1	0	2	STX	DC2	"	2	B	R	b	r
0	0	1	1	3	ETX	DC3	#	3	C	S	c	s
0	1	0	0	4	EOT	DC4	$	4	D	T	d	t
0	1	0	1	5	ENQ	NAK	%	5	E	U	e	u
0	1	1	0	6	ACK	SYN	&	6	F	V	f	v
0	1	1	1	7	BEL	ETB	'	7	G	W	g	w
1	0	0	0	8	BS	CAN	(	8	H	X	h	x
1	0	0	1	9	HT	EM	)	9	I	Y	i	y
1	0	1	0	A	LF	SUB	*	:	J	Z	j	z
1	0	1	1	B	VT	ESC	+	;	K	[	k	{
1	1	0	0	C	FF	FS	,	<	L	\	l	¦
1	1	0	1	D	CR	GS	-	=	M	]	m	}
1	1	1	0	E	SO	RS	.	>	N	^	n	~
1	1	1	1	F	SI	US	/	?	O	—	o	DEL

Ysopete-Zaragoza, 1489

hic liber confectus est
Madisoni .mcmlxxxvi.